#A
VITÓRIA
ÉNOSSA

PADRE RODRIGO NATAL
#A VITÓRIA É NOSSA
PORQUE EM DEUS NÃO HÁ DERROTA
petra

EDITORA NOVA FRONTEIRA PARTICIPAÇÕES S.A.
Rua Nova Jerusalém, 345 - Bonsucesso - 21042-235
Rio de Janeiro - RJ - Brasil
Tel.: (21) 3882-8200 - Fax: (21)3882-8212/8313

Dedico este livro a todas
as pessoas que vivem suas
vidas compartilhando a
vitória recebida de Deus.

1

AGORA
NÃO É HORA
DE PARAR
E DESISTIR

Não é nenhum segredo:
você pode sair do fundo do poço!
Sim,
VOCÊ!

Que está em uma casa cheia de crianças gritando, ou com muito trabalho profissional, ou ainda tarefas que consomem muito do seu tempo dentre outras complicações da vida diária.

Clame, não reclame!

Na verdade, isso só significa que você precisa mesmo de uma vida de oração, de amizade com Deus. Porque é com Deus que temos a verdadeira liberdade, "a liberdade que é a glória dos filhos de Deus" *(Rm 8, 21)*... É o que todos nós precisamos...

quando nos sentimos NO FUNDO DO POÇO.

7 SALMOS

QUE NOS AFIRMAM QUE ESSE NÃO É O NOSSO LUGAR

1 "TIROU-ME DA FOSSA DA MORTE, DO BARRO DO PÂNTANO, COLOCOU MEUS PÉS SOBRE A ROCHA, DEU SEGURANÇA A MEUS PASSOS." (SL 40, 3)

2 "SIM, CONTIGO SINTO-ME FORTE PARA O ATAQUE, COM O MEU DEUS VENÇO QUALQUER BARREIRA ." (SL 18, 30)

3 "MEU PÉ SE APOIA EM TERRA PLANA; NAS ASSEMBLEIAS BENDIREI AO SENHOR." (SL 26, 12)

4 "ELE ME DÁ ABRIGO NA SUA TENDA NO DIA DA DESGRAÇA. ESCONDE-ME EM SUA MORADA, SOBRE O ROCHEDO ME ELEVA." (SL 27, 5)

5 "O SENHOR FIRMA OS PASSOS DO HOMEM, SUSTENTA AQUELE CUJO CAMINHO LHE AGRADA." (SL 37, 23)

6 "ESTOU ATOLADO NO LODO PROFUNDO, ONDE NÃO POSSO FICAR DE PÉ; CAÍ NAS ÁGUAS PROFUNDAS E AS ONDAS ME ARRASTAM. TIRA-ME DO LODO, PARA QUE NÃO AFUNDE, QUE EU SEJA LIVRE DOS QUE ME ODEIAM E DA ÁGUA PROFUNDA." (SL 69, 3. 15)

7 "SEJAM SEGUROS MEUS CAMINHOS PARA EU GUARDAR OS TEUS ESTATUTOS." (SL 119, 5)

AGORA NÃO É
HORA DE PARAR
E DESISTIR!

De repente, sem avisos, problemas após problemas surgem em nossa vida.Passamos por muitas provações. Inevitavelmente, passaremos por momentos difíceis ao longo dos anos. Vivemos momentos de tristeza, como quando perdemos um ente querido, somos reprovados em uma prova, somos alvo de intrigas, trapaças e invejas, discutimos com alguém ou não somos aceitos em algum lugar. Porém, nenhum desses momentos pode ser suficiente para nos fazer achar que a nossa vida é um fracasso e que ninguém se importa conosco.

"Considerai uma grande alegria, meus irmãos, quando tiverdes de passar por diversas provações, pois sabeis que a prova da fé produz em vós a constância. Ora, a constância deve levar a uma obra perfeita: que vos torneis perfeitos e íntegros, sem falta ou deficiência alguma." ***(Tg 1, 2-4)***

Foi no primeiro século, um tempo de grande perseguição contra os cristãos, que Tiago escreveu esse trecho da Bíblia que exorta a perseverança. Em vez de ficar deprimido pelas dificuldades ou pensar que as provações desmentem a proclamação cristã da vitória de Jesus, devemos aceitar com muita boa vontade tais provações.

"Isso é motivo de alegria para vós, embora seja necessário que no momento estejais por algum tempo aflitos, por causa de várias provações. Deste modo, o quilate de vossa fé, que tem mais valor que o ouro testado no fogo, alcançará louvor, honra e glória, no dia da revelação de Jesus Cristo." ***(1Pd 1, 6-7)***

O PAPA FRANCISCO LANÇA UM CONVITE À ESPERANÇA QUANDO ENUNCIA QUE NÃO DEVEMOS NOS DEIXAR DEPRIMIR NEM ASSUSTAR POR UMA REALIDADE FEITA DE GUERRAS E SOFRIMENTOS. DEVEMOS LEMBRAR QUE, MESMO AS GRANDES CONSTRUÇÕES, QUE IGNORAM A DEUS ESTÃO DESTINADAS A DESABAR. **FOI ASSIM PARA A MALVADA BABILÔNIA, QUE CAIU NA CORRUPÇÃO DA MUNDANIDADE ESPIRITUAL. E FOI ASSIM TAMBÉM QUE A DISTRAÍDA JERUSALÉM CAIU, POR SER "SUFICIENTE" A SI MESMA, INCAPAZ DE SE DAR CONTA DAS VISITAS DO SENHOR.** PORTANTO, PARA O CRISTÃO, A ATITUDE CORRETA É SEMPRE A ESPERANÇA, E NUNCA A DEPRESSÃO.

MESMO NO
FUNDO DO POÇO
PODE HAVER
AJUDA...

VOCÊ

ESTÁ SE SENTINDO EM UMA

VIA SEM SAÍDA?

ACHOU QUE ERA O FIM?

“Vê, eu abri à tua frente uma porta e ninguém a poderá fechar.” *(Ap 3, 8)*

Um bom exercício é nos lembrarmos de que pertencemos a Deus, de que Ele é fiel e nos ama. Deus pode realizar qualquer coisa e mudar qualquer circunstância. E tudo isso nos diz que, segundo seu Eterno Propósito, Ele está cuidando de nós para que tenhamos uma vida verdadeira, uma vida plena, e possamos seguir em frente. Então, quando chegam os tempos ruins, temos de nos focar no fato de que tais momentos não durarão para sempre. E as coisas ruins que acontecem em nossa vida não podem se tornar o que nos define. Em vez disso, temos de confiar em Deus. Ele vai nos ajudar a suportar e não vai nos abandonar à tristeza ou ao desespero.

“Abri-me as portas da justiça: entrarei para dar graças ao Senhor” *(Sl 118, 19)*

RES PON .DER

Peça ao Senhor para lhe revelar alguns padrões de pensamento ou de mentalidade que precisam mudar em você. Reze por transformação. “Não vos conformeis com este mundo, mas transformai-vos, renovando vossa maneira de pensar e julgar, para que possais distinguir o que é da vontade de Deus, a saber, o que é bom, o que lhe agrada, o que é perfeito.” *(Rm 12, 2)* Espiritualmente falando, por que você acha que os pensamentos precisam de proteção?

ORE...

A ORAÇÃO É UM ATALHO À SUBIDA QUE AINDA TEMOS DE PERCORRER

SENHOR, AJUDA-ME. ENSINA-ME A ACOLHER A MUDANÇA, EM VEZ DE TEMÊ-LA. MINHA VIDA ESTÁ UMA DESORDEM; LEVA-ME NA DIREÇÃO DA SIMPLICIDADE. ENSINA-ME A OUVIR O SEU CORAÇÃO. SENHOR, EU LHE ENTREGO ESSAS AGITAÇÕES QUE ESTÃO DENTRO DE MIM, DOU-LHE O MEU DESCONTENTAMENTO, A MINHA INQUIETAÇÃO, A MINHA DÚVIDA, O MEU DESESPERO, TODOS OS ANSEIOS QUE CARREGO DENTRO DE MIM. AJUDA-ME A OUVIR ESSES SINAIS DE MUDANÇA, DE CRESCIMENTO. AMÉM!

NÃO TENHA MEDO

VOCÊ ESTÁ NO CAMINHO CERTO

NUNCA É TARDE PARA COMEÇAR

“É ele que dá ânimo ao cansado, recupera as forças do enfraquecido. Até os jovens se afadigam e cansam e mesmo os guerreiros às vezes tropeçam! Mas os que esperam no SENHOR, renovam suas forças, criam asas como águia, correm e não se afadigam, andam, andam e nunca se cansam” *(Is 40, 29-31)*

Neste mundo enfrentamos todos os tipos de obstáculos, provações e tribulações, por isso devemos estar atentos a quaisquer ensinamentos que dizem estarmos alheios a essas realidades. Por quê? Pois é o próprio Senhor que diz que teremos tribulações: “Eu vos disse estas coisas para que, em mim, tenhais a paz. No mundo tereis aflições. Mas tende coragem! Eu venci o mundo.” *(Jo 16, 33)* O ensinamento que Jesus nos deixa é claro: estamos indo em direção aos desafios da vida, mas Ele é maior do que qualquer problema que possamos enfrentar.

? QUANDO OS PROBLEMAS SE APRESENTAM, COMO ENFRENTÁ-LOS

SIGA JESUS
"ENTÃO DISSE-LHES: "SEGUI-ME, E EU FAREI DE VÓS PESCADORES DE HOMENS." (MC 1,17)

DÊ A DEUS O SEU CORAÇÃO
"CRIA EM MIM, Ó DEUS, UM CORAÇÃO PURO." (SL 51, 12)

CREIA NA PROVIDENCIA
"O SENHOR É O MEU PASTOR, NADA ME FALTA." (SL 23, 1)

NÃO DUVIDE
"MAS, SENTINDO O VENTO, FICOU COM MEDO E, COMEÇANDO A AFUNDAR, GRITOU: 'SENHOR, SALVA-ME!'" (MT 14, 30)

SEJA CONFIANTE
"QUEM SOU EU PARA IR AO FARAÓ E FAZER SAIR OS ISRAELITAS DO EGITO?" (EX 3, 11)

BUSQUE PROTEÇÃO
"POIS ELE DARÁ ORDEM A SEUS ANJOS PARA TE GUARDAREM EM TODOS OS TEUS PASSOS." (SL 91, 11)

ALEGRE-SE NO SENHOR
"PÕE NO SENHOR TUAS DELÍCIAS." (SL 37, 4)

SAIBA QUE VALE A PENA
"EU SOU O BOM PASTOR. O BOM PASTOR DÁ A VIDA POR SUAS OVELHAS." (JO 10, 11)

MOVA-SE EM FÉ
"ABRÃO TEVE FÉ NO SENHOR, QUE LEVOU ISSO EM CONTA DE JUSTIÇA." (GN 15, 6)

CONSUMA A PALAVRA DE DEUS
"MAS NA LEI DO SENHOR ENCONTRA SUA ALEGRIA E NELA MEDITA DIA E NOITE." (SL 1, 2)

RECEBA A GRAÇA DE DEUS
"EIS O CORDEIRO DE DEUS, AQUELE QUE TIRA O PECADO DO MUNDO." (JO 1, 29)

“A aflição no coração deprime a pessoa, mas uma palavra de animação lhe traz a alegria” ***(Provérbio 12, 25)***

E, quando os problemas se apresentam, devemos enfrentá-los em Deus e superá-los com Ele – porque cada problema poderá ser sempre transformado em uma oportunidade de experimentarmos o amor e o poder de Deus em nossas vidas. Muitas vezes é em razão destas situações que fica o nosso verdadeiro testemunho de seguidores de Jesus para o mundo. É preciso coragem para enfrentar o futuro. É preciso coragem para enfrentar as provações da vida cotidiana. É preciso coragem para enfrentar as pequenas e grandes coisas da vida. Como cristãos, precisamos ser persistentes. Precisamos ir em frente, ser mais ousados. Não podemos deixar que as dificuldades ditem o que devemos ou não fazer – deixemos isso para o Senhor. Então, levantemos nossa cabeça e não esqueçamos que os obstáculos fazem parte da vida. O Senhor já venceu este mundo e os nossos problemas. Não fiquemos com medo nestes dias, mas sejamos valentes como um leão, para transformar tudo em boas obras. Caminhemos com coragem porque Deus está conosco, e com Ele vamos realizar grandes coisas. Pânico, medo, dúvida e ansiedade podem nos atacar, mas temos um Deus que nos encoraja quando estamos passando por dificuldades e conflitos.

APLICAÇÃO NA VIDA

Quando iniciamos uma vida cristã mais intensa, temos de descobrir que o tempo gasto com Deus é um privilégio,e não uma tarefa ou uma obrigação que precisamos executar. Começar uma vida devocional despende um pouco de tempo e necessita de planejamento. Não há um padrão definido do que é um momento devocional diário. O que é preciso para trilhar esse caminho com Deus é decisão. Então, se estamos sentindo que o nosso tanque de ânimo está quase vazio, coloquemo-nos hoje e sempre na presença do Senhor. Gastemos tempo em oração e louvor ao nosso Salvador. Ele vai nos encher com forças e desenvolver em nós a resistência para qualquer coisa que tenhamos de enfrentar.

Mãos à obra! Oremos!

DEVOCIONAL

Quando estou vivendo tempos ruins...

... porque sua ira dura um instante, a sua bondade, por toda a vida. Se de tarde sobrevém o pranto de manhã vem a alegria. Mudaste em dança meu lamento, minha veste de luto em roupa de festa. *(Sl 30, 6. 12)*

Procurarei a ovelha perdida, reconduzirei a desgarrada, enfaixarei a quebrada, fortalecerei a doente. *(Ez 34, 16a)*

Felizes os que choram, porque serão consolados. *(Mt 5, 4)*

Eu penso que os sofrimentos do tempo presente não têm proporção com a glória que há de ser revelada em nós. *(Rm 8, 18)*

Ele enxugará toda lágrima dos seus olhos. A morte não existirá mais, e não haverá mais luto, nem grito, nem dor, porque as coisas anteriores passaram. *(Ap 21, 4)*

... eu faço uma oração.

Ó, DEUS DE MARAVILHAS, FAÇA-ME FELIZ! ABENÇOA-ME COM O TEU PODER CURATIVO. RETIRE DE MIM A TENDÊNCIA PERVERSA À TRISTEZA E A TODA FORMA DE MALDADE. LEMBRE-ME DE QUE SOU IMPORTANTE, NÃO PELO O QUE FAÇO, MAS PELO O QUE SOU — SEU FILHO, CRIADO A SUA IMAGEM. AJUDA-ME A PERCEBER QUE É O SEU AMOR QUE DÁ SENTIDO À MINHA EXISTÊNCIA, E QUE A ALEGRIA É ECO DESTE AMOR TREMENDO. NÃO ME DEIXE ESQUECER-ME DE SER ALEGRE! NÃO ME DEIXE SER MUITO APRESSADO PARA SER ALEGRE. NÃO ME DEIXE ESTAR MUITO OCUPADO PARA SORRIR. PEÇO ESSAS COISAS, MEU SENHOR E MEU DEUS, PARA QUE UM DIA EU POSSA ME JUNTAR COM TODOS OS SANTOS E ANJOS PARA CANTAR E LOUVAR-TE ETERNAMENTE. AMÉM.

JESUS, EU CONFIO EM VÓS!

SUBINDO...

2

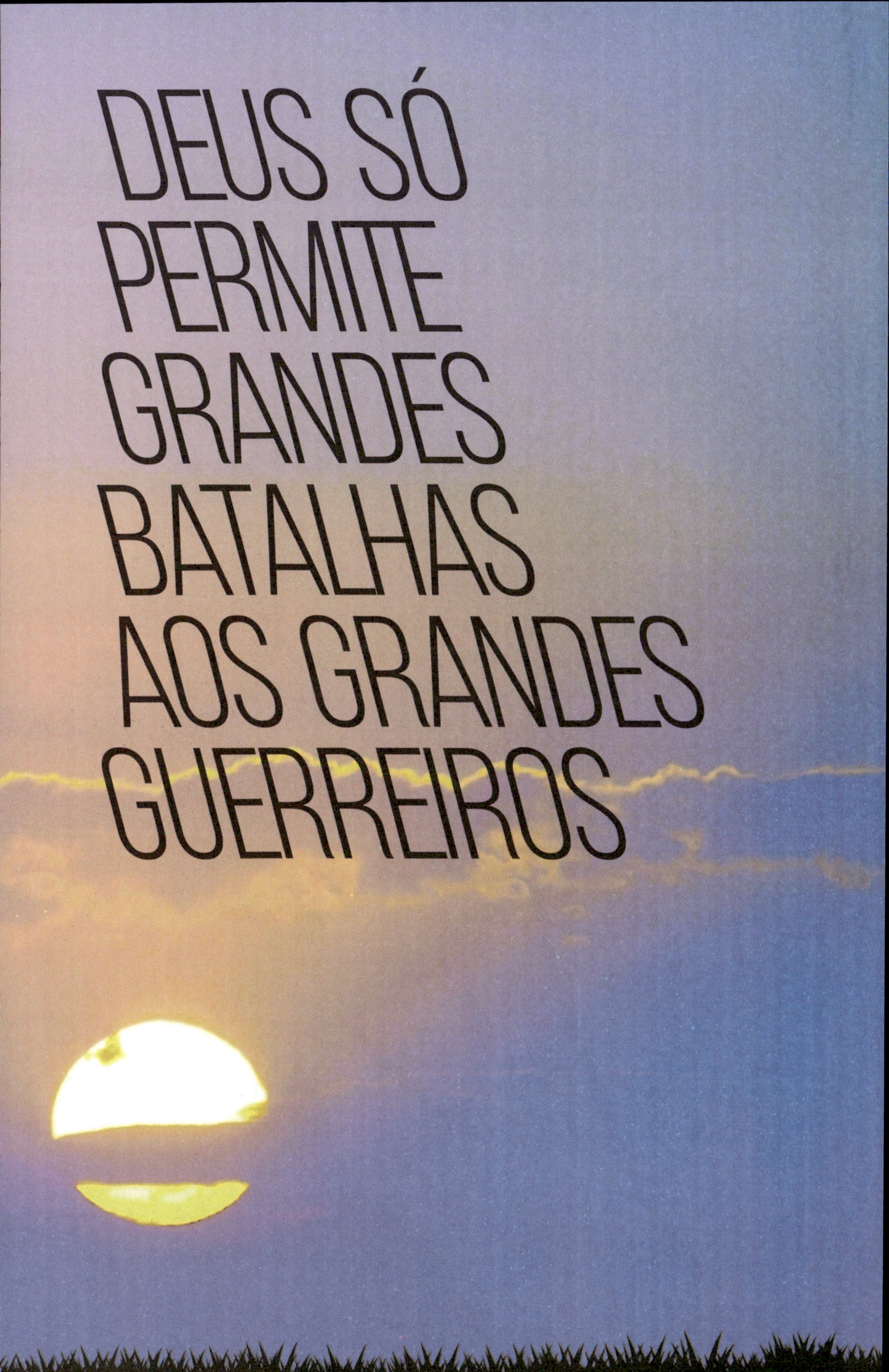
DEUS SÓ
PERMITE
GRANDES
BATALHAS
AOS GRANDES
GUERREIROS

O CABO DE GUERRA

A maioria de nós já brincou de cabo de guerra. O objetivo do jogo é obter um número igual de pessoas em lados opostos de uma corda. Para tornar as coisas interessantes, alguns colocam um poço de lama no meio. Aqueles que perdem a batalha caem na lama.

Estamos em um cabo de guerra cotidiano. A guerra é com o nosso coração. Temos O inimigo de Deus e seus rebelados em uma extremidade da corda e o Senhor e Seus anjos do outro. Você sente esse cabo de guerra em sua vida?

Você escolhe em que lado ficar?

PREPARE-SE
PARA A BATALHA!

Não utilizamos métodos humanos. O alto comando da batalha não é o nosso impulso humano; as armas que seguramos recebem sua força do poder divino; a finalidade é abater as fortalezas que opõem resistência a Deus. "Revesti-vos da armadura de Deus, para que possais resistir às ciladas do diabo. Pois a nossa luta não é contra o sangue e a carne, mas contra os principados, as potestades, os dominadores deste mundo tenebroso, os espíritos malignos espalhados pelo espaço. Por isso, protegei-vos com a armadura de Deus, a fim de que possais resistir no dia mau, e assim, empregando todos os meios, continueis firmes". *(Ef 6, 11-13)*

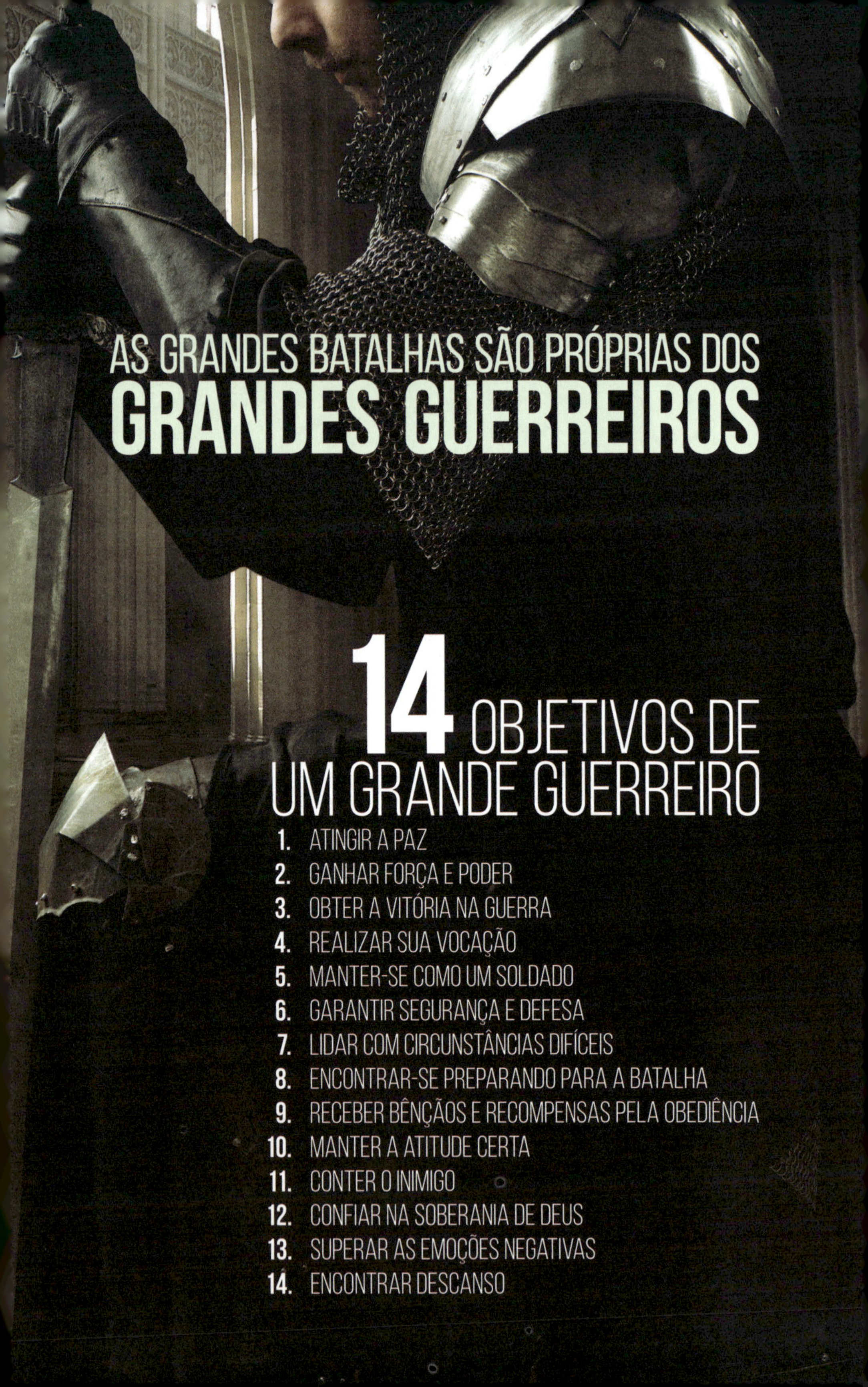
AS GRANDES BATALHAS SÃO PRÓPRIAS DOS
GRANDES GUERREIROS
14 OBJETIVOS DE UM GRANDE GUERREIRO
1. ATINGIR A PAZ
2. GANHAR FORÇA E PODER
3. OBTER A VITÓRIA NA GUERRA
4. REALIZAR SUA VOCAÇÃO
5. MANTER-SE COMO UM SOLDADO
6. GARANTIR SEGURANÇA E DEFESA
7. LIDAR COM CIRCUNSTÂNCIAS DIFÍCEIS
8. ENCONTRAR-SE PREPARANDO PARA A BATALHA
9. RECEBER BÊNÇÃOS E RECOMPENSAS PELA OBEDIÊNCIA
10. MANTER A ATITUDE CERTA
11. CONTER O INIMIGO
12. CONFIAR NA SOBERANIA DE DEUS
13. SUPERAR AS EMOÇÕES NEGATIVAS
14. ENCONTRAR DESCANSO

Quando começamos a procurar os propósitos de Deus, nos deparamos com novas dificuldades, até maiores do que as antigas. São novos desafios. Algumas situações são resolvidas por Deus, mas outras são de nossa responsabilidade, e Ele nos ajudará. Aceitemos esta ajuda, ouçamos a sua voz. "Deus fala de diversas formas, falou pelos profetas e, nos últimos tempos, falou por Jesus Cristo, seu Filho enviado ao mundo." Podemos nos perguntar: "Falou a quem?" Falou a mim e a você. É preciso que se abra os corações, para escutar o que Deus tem para falar.

Não são poucas as vezes que buscamos uma palavra de conforto e orientação para as nossas vidas de forma equivocada. Pedimos opinião a colegas de trabalho, ou acabamos escutando um vizinho ou conhecido, pessoas que não têm nada de bom para nos dizer... Não estamos menosprezando as pessoas; porém, não dá mais para ficarmos escutando as bobagens deste mundo nem as "conversinhas" que estão nas rodas de convivência por aí afora. É hora de ouvirmos esta palavra que causa um impacto em nossas vidas, que nos faz olhar sem medo ao nosso redor e que nos provoca um questionamento interior: "Senhor, onde estamos? Por que estamos insistindo em avançar por caminhos miseráveis? Por que estamos nos alimentando com tanta coisa estragada, sendo que o Senhor tem falado ao nosso coração?"

"A realidade pode mudar, o homem pode mudar. Procuremos ser os primeiros a praticar o bem, a não se acostumar com o mal e sim vencê-lo." ***(Papa Francisco)*** **Esta é a nossa luta: refletir sobre a nossa vida e optar por aquilo que realmente é o bem. Na batalha não se luta só para se direcionar ao que é certo. Também se luta para se afastar do que é errado. "Portanto, ficai bem atentos à vossa maneira de proceder. Procedei não como insensatos, mas como pessoas esclarecidas."** ***(Ef 5, 15)***

"Nossa vida é um caminho, quando paramos, não vamos para frente." ***(Papa Francisco)***

ISSO JÁ ACONTECEU COM VOCÊ?

Parece que, quanto mais nos programamos e nos organizamos para as coisas de Deus, mais dificuldades aparecem diante de nós. "Deus dá as batalhas mais difíceis aos seus melhores soldados." (Papa Francisco) As grandes lutas são próprias dos melhores soldados do batalhão de Deus. Entendeu porque isso acontece conosco? Porque você é forte, tem o poder do nome do nosso Senhor Jesus Cristo, a graça Dele. E que venham as dificuldades! Nós não vamos desistir!

APLICAÇÃO NA VIDA

Encontrar o lugar certo de oração para ter uma vida devocional é a chave para o sucesso. Talvez, se tentarmos passar um tempo de qualidade com Deus, deitados na cama, com as luzes apagadas, o fracasso seja inevitável. Escolhamos um lugar específico para fazer as nossas devoções (orações e leituras bíblicas). Um lugar onde estarão todas as nossas "ferramentas" espirituais – a Bíblia, livros devocionais, imagens, velas, etc. –, onde teremos tudo pronto para nos encontrar com Deus e conhecer seu caminho

A MONTANHA DIFÍCIL E OS TRÊS LEÕES

Três leões viviam em uma determinada floresta. Um dia, o macaco, representante eleito dos animais súditos, fez uma reunião com toda a bicharada da floresta e disse:

– Nós, os animais, sabemos que o leão é o rei dos animais, mas há uma dúvida no ar. Existem três leões fortes. Ora, a qual deles devemos prestar homenagem? Quem, dentre eles, deverá ser o nosso rei?

Os três leões souberam da reunião e comentaram entre si:

– É verdade, a preocupação da bicharada faz sentido.Uma floresta não pode ter três reis. Precisamos saber qual de nós será o escolhido. Mas como descobrir?

Essa era a grande questão, pois eles não queriam lutar entre si, uma vez que eram muito amigos. O impasse estava formado. De novo, todos os animais se reuniram para discutir uma solução para o caso. Depois de usarem técnicas de reuniões do tipo brainstorming e etc., eles tiveram uma ideia excelente. O macaco se encontrou com os três felinos e contou o que foi decidido.

– Bem, senhores leões, encontramos uma solução desafiadora para o problema. A solução está na Montanha Difícil.

– Na Montanha Difícil? Como assim?

– É simples – ponderou o macaco. – Decidimos que vocês três deverão escalar a Montanha Difícil. O que atingir o topo primeiro será consagrado o rei dos reis.

A Montanha Difícil era a mais alta entre todas daquela imensa floresta. O desafio foi aceito. No dia combinado, milhares de animais cercaram a montanha para assistir à grande escalada.

O primeiro tentou. Não conseguiu. Foi derrotado.

O segundo tentou. Não conseguiu. Foi derrotado.

O terceiro tentou. Não conseguiu. Foi derrotado.

Os animais estavam curiosos e impacientes: afinal, qual deles seria o rei, uma vez que os três foram derrotados? Foi nesse momento que uma águia sábia, idosa, na idade e grande em sabedoria, pediu a palavra:

– Eu sei quem deve ser o rei!!!

Todos os animais fizeram silêncio,em grande expectativa.

– A senhora sabe?Mas como? –gritaram todos para a Águia.

– É simples – confessou a sábia águia. – Eu estava voando entre eles, bem de perto e, quando eles voltaram fracassados para o vale, escutei o que cada um deles disse para a montanha.

"O primeiro leão disse: '– Montanha, você me venceu!'

"O segundo leão disse: '– Montanha, você me venceu!'

"O terceiro leão disse: '– Montanha, você me venceu, mas por enquanto! Você, montanha, já atingiu seu tamanho final, e eu ainda estou crescendo.'

"A diferença é que o terceiro leão teve uma atitude de vencedor diante da derrota, e quem pensa assim é maior que seu problema: é rei de si mesmo e está preparado para ser rei dos outros."

Os animais da floresta aplaudiram entusiasticamente ao terceiro leão, que foi coroado rei entre os reis.

MORAL DA HISTÓRIA:

Não importa o tamanho de seus problemas ou as dificuldades que você tenha; seus problemas, pelo menos na maioria das vezes, já atingiram o clímax, já estão no nível máximo – mas você não. Você ainda está crescendo. Você é maior que todos os seus problemas juntos. Você ainda não chegou ao limite de seu potencial e desempenho. A Montanha das Dificuldades tem tamanho fixo, limitado.

DEVOCIONAL

Quando eu preciso de forças...

Transformai os arados em espadas, as foices em lanças... O fraco, diga a si mesmo: "Sou valente!" *(Jl 4,10)*

E agora, assim diz o SENHOR, aquele que te criou, Jacó, aquele que te modelou, Israel: "Não tenhas medo que fui eu quem te resgatou, chamei-te pelo próprio nome, tu és meu! Se tiveres de atravessar pela água, contigo estarei e a inundação não te vai submergir! Se tiveres de andar sobre o fogo, não te vais queimar, as chamas não te atingirão! Pois eu sou o SENHOR, o teu Deus, o Santo de Israel, o teu Forte! Para pagar tua liberdade eu dei o Egito! Para ficar contigo, entreguei a Etiópia e Sabá!" *(Is 43, 1-3)*

Emudeçam as bocas mentirosas, que falam contra o justo com insolência, soberba e desprezo. Como é grande a tua bondade, que reservaste aos que te temem, que demonstras para os que em ti buscam refúgio diante dos filhos dos homens. *(Sl 31, 19-20)*

Enfim, fortalecei-vos no Senhor, no poder de sua força; revesti-vos da armadura de Deus, para que possais resistir às ciladas do diabo. *(Ef 6, 10-11)*

Sede sóbrios e vigilantes. O vosso adversário, o diabo, anda em derredor como um leão que ruge, procurando a quem devorar. Resisti-lhe, firmes na fé, certos de que iguais sofrimentos atingem também os vossos irmãos pelo mundo afora. *(1 Pd 5, 8s)*

... eu faço uma oração.

DEUS PODEROSO, PRECISO QUE REESCREVA A MINHA HISTÓRIA. AGORA ASSUMO UM COMPROMISSO COM O SENHOR. FIDELIZO-ME À SUA OBRA. A PARTIR DE HOJE, QUERO PERTENCER A TI AINDA MAIS. A MINHA VIDA É UMA VIDA QUE PASSARÁ SEMPRE MAIS PELA SUA PALAVRA. A PALAVRA FINAL DA MINHA VIDA É A SUA PALAVRA. O QUE VAI ME NORTEAR, A PARTIR DE HOJE, SÃO OS SEUS ENSINAMENTOS, SENHOR JESUS CRISTO. NÃO VIVO MAIS PERDIDO, SEM SABER PARA ONDE IR. VOU VIVER ESSE COMPROMISSO, UMA ALIANÇA CONTIGO. E COM SINCERIDADE! A PARTIR DE HOJE, JÁ ASSUMO MINHA DECISÃO: É JESUS NO COMANDO DA MINHA VIDA, É JESUS ESCREVENDO A MINHA HISTÓRIA. CREIO QUE O MELHOR VIRÁ SOBRE MIM E SOBRE A MINHA CASA. Ó, DEUS, VAI À FRENTE, SEI QUE TEM FALADO COMIGO, QUE TEM ME CHAMADO. SEMPRE QUER FALAR AO MEU CORAÇÃO. FALA, SENHOR. AMÉM!

JESUS, EU CONFIO EM VÓS!

SUBINDO...

3

A
IGREJA ESTÁ
ORANDO
POR VOCÊ

Não pense que é tarde,
não pense que é uma ilusão.
Deus tem sempre providencia
para Te livrar desta prisão.

As portas vão se abrir.
Levanta e ponha-te de pé!
A Igreja pediu a Deus por ti
e Ele se moveu com essa fé.

A Igreja está orando por você,
o Senhor entrou na guerra e tem poder.
As correntes não te prendem mais!
A Igreja está orando por você.
Você nasceu para vencer!
Alegria em ver o que Deus te faz...
A Igreja está orando por você.

A força do Senhor se manifesta em você
para enfrentar as dificuldades da vida.
Também a rejeição, a oposição, a perseguição...
a Igreja está orando por você!

#A IGREJA ESTÁ ORANDO POR VOCÊ

Música – Padre Rodrigo Natal

VOCÊ NÃO ESTÁ
SOZINHO...
NÃO?

NÃO!

A IGREJA ESTÁ **ORANDO** POR VOCÊ

7 RAZÕES

PARA NOS ENCONTRARMOS COM DEUS

"UMA SÓ COISA PEDI AO SENHOR, SÓ ISTO DESEJO: PODER MORAR NA CASA DO SENHOR TODOS OS DIAS DA MINHA VIDA; PODER GOZAR DA SUAVIDADE DO SENHOR E CONTEMPLAR SEU SANTUÁRIO" (SL 27,4)
"RECORDAMOS, Ó DEUS, O TEU AMOR NO INTERIOR DO TEU TEMPLO" (SL 48,10)

PARA CRESCERMOS COMO IRMÃOS

"A MULTIDÃO DOS FIÉIS ERA UM SÓ CORAÇÃO E UMA SÓ ALMA. NINGUÉM CONSIDERAVA SUAS AS COISAS QUE POSSUÍA, MAS TUDO ENTRE ELES ERA POSTO EM COMUM." (AT 4, 32)
"POR ISSO, CONFORTAI-VOS E EDIFICAI-VOS UNS AOS OUTROS, COMO ALIÁS JÁ FAZEIS." (1TS 5, 11)
"PORTANTO, JÁ NÃO SOIS ESTRANGEIROS NEM FORASTEIROS, MAS CONCIDADÃOS DOS SANTOS E MORADORES DA CASA DE DEUS; EDIFICADOS SOBRE O ALICERCE DOS APÓSTOLOS E DOS PROFETAS, TENDO COMO PEDRA ANGULAR, O PRÓPRIO CRISTO JESUS." (EF2, 19-20)

PARA SERMOS FREQUENTES NA ORAÇÃO

"ELES ERAM PERSEVERANTES EM OUVIR O ENSINAMENTO DOS APÓSTOLOS, NA COMUNHÃO FRATERNA, NA FRAÇÃO DO PÃO E NAS ORAÇÕES." (AT 2, 42)
"ENTOAI JUNTOS SALMOS, HINOS E CÂNTICOS ESPIRITUAIS; CANTAI E SALMODIAI AO SENHOR, DE TODO O CORAÇÃO." (EF 5,19)

PARA RECEBERMOS INSTRUÇÕES

"MAS NUMA REUNIÃO DE IGREJA PREFIRO DIZER CINCO PALAVRAS COM MINHA MENTE, PARA ASSIM INSTRUIR TAMBÉM OS OUTROS, A DIZER DEZ MIL PALAVRAS EM LÍNGUAS. ENTÃO, QUE CONCLUIR, IRMÃOS? QUANDO ESTIVERDES REUNIDOS, CADA UM DOS PRESENTES PODERÁ ENTOAR UM SALMO, TRANSMITIR UM ENSINAMENTO OU UMA REVELAÇÃO, FALAR EM LÍNGUAS OU INTERPRETAR: QUE TUDO SE FAÇA EM VISTA DA EDIFICAÇÃO! VÓS TODOS PODEIS PROFETIZAR, MAS UM DE CADA VEZ, DE MANEIRA QUE TODOS SE INSTRUAM E SEJAM EXORTADOS. MAS QUE TUDO SE FAÇA COMO CONVÉM E EM BOA ORDEM" (1CO 14, 19. 26. 31. 40)
"CUIDAI, IRMÃOS, QUE NÃO SE ACHE EM ALGUM DE VÓS UM CORAÇÃO TRANSVIADO PELA INCREDULIDADE; QUE NINGUÉM SE AFASTE DO DEUS VIVO" (HB 3, 12).
"CASO, PORÉM, EU DEMORE, JÁ ESTARÁS SABENDO COMO DEVES PROCEDER NA CASA DE DEUS, QUE É A IGREJA DE DEUS VIVO, COLUNA E BASE DA VERDADE" (1TM 3, 15).

PARA IRMOS À IGREJA

"IGREJA", EM GREGO **EKKLESIA**, SIGNIFICA "OS CONVOCADOS". TODOS SOMOS CONVOCADOS PELO SENHOR.

PARA NOS TORNARMOS UM BOM EXEMPLO

"DE TUA PARTE, PROCURA SER PARA OS QUE CREEM UM EXEMPLO, PELA PALAVRA, PELO MODO DE PROCEDER, PELO AMOR, PELA FÉ, PELA CARIDADE" (1TM 4, 12).
"EM TUDO, MOSTRA-TE MODELO DE BOAS OBRAS, PELA INTEGRIDADE NA DOUTRINA, A SERIEDADE, A PALAVRA SADIA E ACIMA DE CRÍTICAS. ASSIM, OS NOSSOS ADVERSÁRIOS, NÃO TENDO NADA A FALAR DE NÓS, PASSARÃO A NOS RESPEITAR" (TT 2, 7-8).

PARA IMITARMOS OS DISCÍPULOS E JESUS

"IRMÃOS, SEDE MEUS IMITADORES, TODOS VÓS, E REPARAI BEM OS QUE VIVEM SEGUNDO O EXEMPLO QUE TENDES EM NÓS. PRATICAI O QUE DE MIM APRENDESTES E RECEBESTES E OUVISTES, OU EM MIM OBSERVASTES. E O DEUS DA PAZ ESTARÁ CONVOSCO" (FL 3.17; 4, 9). *PODE PROPOR-SE COMO EXEMPLO PORQUE SEGUE O DE CRISTO. NÃO EXEMPLO DE ALGO ACABADO, MAS DE UM ESFORÇO CONSTANTE. DAÍ BROTA UMA ESPIRITUALIDADE DEFINIDA COMO IMITAÇÃO DE CRISTO. POR DEFINIÇÃO, UM CRISTÃO É UM DISCÍPULO OU SEGUIDOR DE JESUS: AQUELE QUE É SEMELHANTE AO CRISTO
"DE FATO, PARA ISTO FOSTES CHAMADOS. POIS TAMBÉM CRISTO SOFREU POR VÓS DEIXANDO-VOS UM EXEMPLO, PARA QUE SIGAIS OS SEUS PASSOS" (1PD 2, 21).

PARA COLOCARMOS DEUS EM PRIMEIRO LUGAR EM NOSSAS VIDAS

"SE ALGUÉM QUER VIR APÓS MIM, RENUNCIE A SI MESMO, TOME SUA CRUZ E SIGA-ME. POIS QUEM QUISER SALVAR SUA VIDA A PERDERÁ; E QUEM PERDER SUA VIDA POR CAUSA DE MIM A ENCONTRARÁ" (MT 16, 24-25). *PARA SER DISCÍPULOS DE JESUS, DEVEMOS NEGAR A NÓS MESMOS. VOLUNTARIAMENTE DAR NOSSAS VIDAS A DEUS, MAS SE NÓS TENTAMOS MANTER AS NOSSAS VIDAS PARA NÓS MESMOS, VAMOS PERDÊ-LA. ASSIM, EM VEZ DE FAZER O QUE QUEREMOS COM NOSSAS VIDAS, DEVEMOS USAR AS OPORTUNIDADES DE ESTARMOS NA IGREJA PARA AGRADAR A DEUS.

"Por aquele tempo, o rei Herodes tomou medidas visando maltratar alguns membros da Igreja. Enquanto Pedro era mantido na prisão, a Igreja orava continuamente a Deus por ele." ***(At 12, 1.5)***

IGREJA

É O LUGAR ONDE OS IRMÃOS PODEM

1. AMAR UNS AOS OUTROS (1JO 4, 12)
2. SERVIR UNS AOS OUTROS (GL 5, 13)
3. INCENTIVAR UNS AOS OUTROS AO AMOR E ÀS BOAS OBRAS (HB 10, 24)
4. ENCORAJAR UNS AOS OUTROS (HB 3, 13)
5. INSTRUIR UNS AOS OUTROS (RM 15, 14)
6. HONRAR UNS AOS OUTROS (RM 12, 10)
7. SER GENTIS E COMPASSIVOS UNS COM OS OUTROS (EF 4, 32)

A presença frequentena igreja não é somente uma "boa sugestão"; é a vontade de Deus para os irmãos. "Não abandonemos as nossas assembleias, como alguns costumam fazer.Antes, procuremos animar-nosmutuamente – tanto mais que vedes o dia aproximar-se." (Hb 10, 25) Mesmo na igreja primitiva, alguns foram caindo no mau hábito de não se reunir com os irmãos. O autor de Hebreus diz que esse não é o caminho a percorrer. Precisamos do impulso que a assiduidade na igreja proporciona. Precisamos ir à igreja para que possamos celebrar a Deus com outros irmãos e receber ensinamento para o nosso crescimento espiritual. Na igreja primitiva "perseveravam na doutrina dos apóstolos e na comunhão, no partir do pão e nas orações." (At 2, 42) Devemos seguir esse exemplo de devoção.

Uma pessoa é feita membro do corpo de Cristo quando crê em Jesus Cristo e na sua salvação. Para que o corpo da igreja funcione corretamente, os seus membros precisam estar presentes.

"O corpo não é feito de um membro apenas, mas de muitos membros. Se o pé disser: 'Eu não sou mão, portanto não pertenço ao corpo', nem por isso deixa de pertencer ao corpo. E se o ouvido disser: 'Eu não sou olho, portanto não pertenço ao corpo', nem por isso deixará de pertencer ao corpo. Se o corpo todo fosse olho, onde estaria o ouvido? Se o corpo todo fosse ouvido, onde estaria o olfato? De fato, Deus dispôs os membros, e cada um deles, no corpo, conforme quis. Se houvesse apenas um membro, onde estaria o corpo? Mas, de fato, há muitos membros e, no entanto, um só corpo." *(1 Co 12, 14-20)*

É como alguém que se casa, mas nunca vai morar com seu marido. "Para mim, é fundamental a proximidade da Igreja. Porque a Igreja é mãe, e nem você nem eu conhecemos uma mãe por correspondência. A mãe dá carinho, toca, beija, ama." (Papa Francisco) Ir à igreja nos leva à experiência de amizade com outros cristãos. Precisamos de amigos, a fim de sermos bemequilibrados e saudáveis. Na igreja, descobrimos oportunidades para servir e ser servidos. Portanto, aprendemos a aplicar o que é ensinado da Palavra de Deus e a estendê-la a outras pessoas por onde passarmos. Também compartilhamos nossos sucessos e fracassos com os outros e aprendemos como o Senhor tem trabalhado na vida das outras pessoas,o que nos encoraja em nossa caminhada. Lembre-se: Deus não nos fez para ficarmos sozinho. Precisamos da amizade dos outros cristãos. Então, você deve ir à igreja, porque é onde pode ouvir a Palavra de Deus e aplicá-la em sua vida, ver como Deus trabalha na vida das pessoas e experimentar a amizade dos irmãos

SE VOCÊ É CRISTÃO, ENTÃO VOCÊ É MEMBRO DA IGREJA DE DEUS.

50 MOTIVOS PARA VOCÊ IR À IGREJA

1. JESUS VAI ESTAR LÁ.
2. VAI LHE LEMBRAR DE QUE VOCÊ NÃO ESTÁ SOZINHO.
3. VAI AJUDÁ-LO NO PROCESSO DE CONVERSÃO.
4. VOCÊ TERÁ A OPORTUNIDADE DE ADORAR A DEUS.
5. A PREGAÇÃO DA PALAVRA VAI DAR DIREÇÃO À SUA VIDA.
6. VOCÊ VAI FAZER NOVOS AMIGOS E REVER OS ANTIGOS.
7. VOCÊ VAI SER INCENTIVADO EM SUA CAMINHADA COM DEUS.
8. VOCÊ INCENTIVARÁ OUTRAS PESSOAS EM SUA CAMINHADA COM DEUS.
9. VAI AJUDÁ-LO A ENTENDER A PALAVRA DE DEUS.
10. VOCÊ VAI CANTAR MÚSICAS INSPIRADORAS QUE IRÃO SUSTENTÁ-LO DURANTE A SEMANA.
11. VOCÊ VAI RECEBER O AMOR DE OUTRAS PESSOAS.
12. VOCÊ VAI SER CAPAZ DE MOSTRAR O AMOR PARA COM OS OUTROS.
13. VOCÊ VAI RECEBER ORAÇÃO.
14. VOCÊ VAI SER CAPAZ DE REZAR POR OUTROS.
15. PORQUE SUA FAMÍLIA PRECISA IR.
16. PORQUE O ENCONTRO FAZ PARTE DO QUE SIGNIFICA SER CRISTÃO.
17. PORQUE É BOM TER OS SEUS PONTOS DE VISTA E OPINIÕES DESAFIADOS.
18. VAI AJUDÁ-LO A RECONHECER E CONFESSAR SEUS PECADOS.
19. IRÁ AJUDÁ-LO A ACABAR UMA SEMANA, E INICIAR A PRÓXIMA, COM O FOCO CERTO.
20. VOCÊ VAI CONSEGUIR REORDENAR SUAS PRIORIDADES.
21. VOCÊ SERÁ LEMBRADO QUE NÃO TEM NADA A TEMER.
22. TERÁ A ALMA ALIMENTADA.
23. PERMITIRÁ TER APOIO EM MOMENTOS DE NECESSIDADE.
24. MELHORARÁ SUA AUTOESTIMA.
25. VAI AJUDAR A AUMENTAR A SUA CAPACIDADE DE LIDAR COM AS PROVAÇÕES DA VIDA.

A IGREJA AGORA É SUA FAMÍLIA!

JÁ NESTE PRÓXIMO FIM DE SEMANA

26. SERÁ UMA PESSOA MAIS FELIZ.
27. VAI AJUDÁ-LO A TER UM CASAMENTO FELIZ.
28. VAI AJUDÁ-LO A EDUCAR MELHOR SEUS FILHOS.
29. SEUS FILHOS VÃO APRENDER A VALORIZAR A DEUS E À IGREJA.
30. VAI MANTÊ-LO LONGE DE CONFUSÕES.
31. VAI AJUDÁ-LO A TER PROPÓSITOS.
32. IRÁ MOLDAR SUA VISÃO DO FUTURO.
33. VAI LHE DAR ESPERANÇA ETERNA.
34. IRÁ INCENTIVAR SUA CRIATIVIDADE.
35. VOCÊ SERÁ PASTOREADO.
36. PORQUE VOCÊ VAI APRENDER SOBRE JESUS E TERÁ A OPORTUNIDADE DE CONHECÊ-LO.
37. É UMA EXPERIÊNCIA AGRADÁVEL.
38. VOCÊ VAI ENCONTRAR ACEITAÇÃO DE DEUS.
39. O REAL PERDÃO É ENCONTRADO LÁ.
40. O ENCONTRO DO POVO DE DEUS VAI AJUDÁ-LO A ESTAR MAIS PERTO DELE.
41. VOCÊ VAI CONHECER PESSOAS DE PENSAMENTO SIMILAR.
42. VOCÊ VAI APRENDER SOBRE DEUS, A BÍBLIA, A IGREJA.
43. CRESCERÃO OS FRUTOS DO ESPÍRITO.
44. VAI LHE DAR ALGO INTERESSANTE PARA FALAR NA SEGUNDA-FEIRA NO TRABALHO E EM OUTROS LUGARES.
45. PORQUE A FÉ VAI AJUDAR A SUA VIDA A FLORESCER.
46. UM MILAGRE DE QUE VOCÊ PRECISA O ALCANÇARÁ.
47. PORQUE É A COISA CERTA A FAZER.
48. PORQUE A FÉ SEM OBRAS É MORTA.
49. VAI LITERALMENTE MUDAR A SUA VIDA PARA MELHOR!
50. ______________________________ (ESCREVA O SEU MOTIVO)

DEVOCIONAL

Quando preciso de orientação...

Mostra-me, SENHOR, os teus caminhos, ensina-me tuas veredas. Faze-me caminhar na tua verdade e instrui-me, porque és o Deus que me salva, e em ti sempre esperei. Qual é o homem que teme ao SENHOR? Indica-lhe o caminho a seguir. *(Sl 25, 4-5.12)*

Sempre que estiveres para te desviar para um lado ou para outro, poderás ouvir atrás de ti a palavra de Quem te orienta: "O caminho é este, por aqui deves andar!" *(Is 30, 21)*

Pois os meus pensamentos não são os vossos pensamentos, e vossos caminhos não são os meus – oráculo do SENHOR. Pois tanto quanto o céu acima da terra, assim estão os meus caminhos acima dos vossos e meus pensamentos distantes dos vossos. *(Is 55, 8-9)*

Sabemos que tudo contribui para o bem daqueles que amam a Deus, daqueles que são chamados segundo o seu desígnio. *(Rm 8, 28)*

... eu faço uma oração.

SENHOR, TU SABES O QUE ESTÁ NOS IMPEDINDO DE DAR, HOJE, O NOSSO CORAÇÃO POR INTEIRO. TIRE ESSE PESO DE NÓS E O SUBSTITUI COM O CONFORTO DE TEU AMOR. SEGURA-NOS PELA MÃO ENQUANTO ANDAMOS POR ESSA VIDA. MOSTRA-NOS O CAMINHO PELO QUAL DEVEMOS ANDAR, APONTA O CAMINHO CERTO PARA QUE SIGAMOS. GUIA-NOS POR TUA VERDADE E ENSINA-NOS, POIS TU ÉS O DEUS QUE NOS SALVA. TODO DIA COLOCAREMOS EM TI A NOSSA ESPERANÇA E IREMOS EM TUA DIREÇÃO. QUERIDO DEUS, NÓS ESCOLHEMOS CONTINUAR EM TEUS CAMINHOS. ESCOLHEMOS ESTAR NA TUA IGREJA. POIS VALER A PENA! AMÉM.

JESUS, EU CONFIO EM VÓS!

SUBINDO...

4

ONDE DEUS ESTÁ, O GIGANTE VAI CAIR

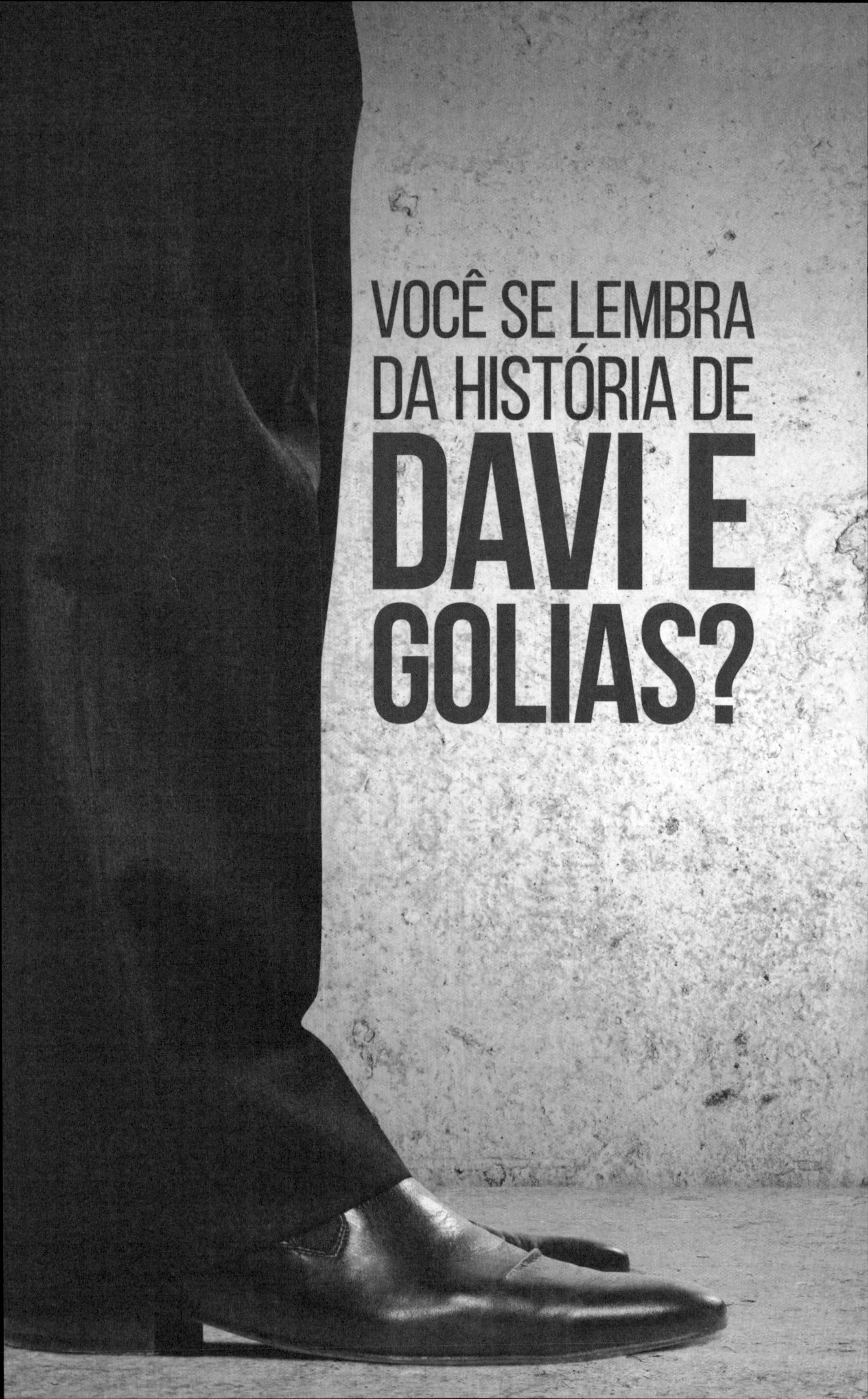
VOCÊ SE LEMBRA
DA HISTÓRIA DE
DAVI E
GOLIAS?

O exército filisteu se reuniu para a guerra contra Israel. Os dois exércitos se enfrentariam. Acamparam para a batalha em lados opostos de um vale demasiadamente inclinado. Com os filisteus havia um gigante que media quase três metros de altura e estava vestindo uma armadura completa. Ele saiu por quarenta dias zombando e desafiando os israelitas para lutar. Seu nome era Golias. Saul, o rei de Israel, e todo o exército estavam aterrorizados com o gigante.

Um dia, Davi, o filho mais novo de Jessé, foi enviado às linhas de batalha por seu pai para trazer notícias de seus irmãos. Davi era, provavelmente, apenas um jovem, na época. Enquanto estava lá, ele ouviu Golias gritando seu desafio diário, viu que um grande medo agitava os homens de Israel, e questionou: "Quem é este filisteu para afrontar os exércitos de Deus?" Então, Davi se ofereceu para lutar contra Golias.

Quando o gigante se pôs em marcha, Davi enfiou a mão no saco e atirou uma de suas pedras na cabeça de Golias. Encontrando um buraco na armadura, a pedra afundou na testa do gigante e ele caiu de bruços no chão. Davi então pegou a espada de Golias, matou-o e, em seguida, cortou--lhe a cabeça. Quando os filisteus viram que o seu herói estava morto, fugiram.

3 ATITUDES

PARA A VIDA A PARTIR DE DAVI E GOLIAS

1 SEJA VOCÊ MESMO

DAVI OPTOU POR NÃO USAR A ARMADURA DO REI PORQUE ELA O INCOMODAVA E LHE ERA ESTRANHA. ELE SE SENTIA CONFORTÁVEL COM SUA TÚNICA SIMPLES E COM UMA ARMA QUE TINHA HABILIDADE EM USAR. DEUS VAI USAR DAS HABILIDADES QUE JÁ LHE CONCEDEU. NÃO SE PREOCUPE EM "VESTIR A ARMADURA DO REI". BASTA SER VOCÊ MESMO E USAR OS DONS E TALENTOS QUE DEUS LHE DEU. ELE VAI FAZER MILAGRES ATRAVÉS DE VOCÊ.

2 TENHA FÉ

A FÉ DE DAVI EM DEUS FEZ COM QUE ELE OLHASSE PARA O GIGANTE DE UMA PERSPECTIVA DIFERENTE. GOLIAS ERA APENAS UM HOMEM MORTAL DESAFIANDO UM DEUS TODO-PODEROSO. DAVI OLHOU PARA A BATALHA DO PONTO DE VISTA DE DEUS. SE OLHARMOS PARA PROBLEMAS E SITUAÇÕES IMPOSSÍVEIS DO PONTO DE VISTA DE DEUS, PERCEBEREMOS QUE ELE VAI LUTAR POR NÓS E CONOSCO. QUANDO COLOCAMOS AS COISAS NA PERSPECTIVA CORRETA, VEMOS COM MAIS CLAREZA E PODEMOS LUTAR DE FORMA MAIS EFICAZ.

3 NÃO PARE

MESMO ENQUANTO O GIGANTE CRITICAVA, INSULTAVA E AMEAÇAVA, DAVI NÃO PAROU, NÃO VACILOU. TODO MUNDO SE ENCOLHEU DE MEDO, MAS DAVI CORREU PARA A BATALHA. ELE SABIA QUE A AÇÃO DEVERIA SER TOMADA. FEZ A COISA CERTA, APESAR DOS INSULTOS E DAS AMEAÇAS TERRÍVEIS E DESANIMADORAS. APENAS A OPINIÃO DE DEUS IMPORTAVA PARA DAVI.

ONDE DEUS ESTÁ, **O GIGANTE** VAI CAIR

"O Senhor falou a Moisés: 'Então Caleb, para acalmar o povo revoltado contra Moisés, disse: 'Vamos subir e conquistar a terra, pois somos capazes de fazê-lo.' Mas os homens que haviam subido com ele disseram: 'Não podemos enfrentar esse povo, porque é mais forte do que nós'". *(Nm 13, 1. 30-31)*

Nós todos vamos enfrentar gigantes em um momento ou outro em nossas vidas. Por gigantes, entendemos o que parece ser insuperável, como um medo ou algum tipo de pecado pessoal. De certa forma, o gigante pode ser um vício, algo que tem controle sobre sua vida. Um gigante ameaçador que está te insultando hoje pode seruma calúnia; uma ação judicial movida contra você; talvez uma ameaça contra a sua própria vida. Esse gigante ainda pode ser completamente diferente, como um cônjuge incrédulo ou um filho problemático. Você tem rezado, pedido ao Senhor para alcançá-los, mas eles parecem se tornar mais endurecidos.

COMO VAMOS LIDAR COM OS GIGANTES DA VIDA?

RECONHECER QUE NÓS TEMOS GIGANTES

LEIA 1 CORÍNTIOS 10, 13: "NÃO TENDES SIDO PROVADOS ALÉM DO QUE É HUMANAMENTE SUPORTÁVEL. DEUS É FIEL E NÃO PERMITIRÁ QUE SEJAIS PROVADOS ACIMA DE VOSSAS FORÇAS. PELO CONTRÁRIO, JUNTO COM A PROVAÇÃO ELE PROVIDENCIARÁ O BOM ÊXITO, PARA QUE POSSAIS SUPORTÁ-LA."

EMBORA SEJA VERDADE QUE TODOS NÓS TEMOS QUE ENFRENTAR GIGANTES, TAMBÉM É VERDADE QUE TODO GIGANTE PODE SER DERROTADO. AFINAL DE CONTAS, NEM SEMPRE AS DIFICULDADES COMEÇAM COMO GIGANTES. QUANDO TEMOS UM GRANDE PROBLEMA EM NOSSAS VIDAS, ELE COMEÇA PEQUENO, MAS, QUANDO NUTRIDO, ALIMENTADO E ATÉ INCENTIVADO, TORNA-SE UM GIGANTE QUE NOS PROVOCA. COM O TEMPO, AS PEQUENAS COISAS SE TORNAM GRANDES COISAS.

PERCEBER QUE A BATALHA PERTENCE AO SENHOR

LEIA 2 CRÔNICAS 20, 15: "NÃO DEVEIS TEMER NEM TREMER À VISTA DESSA MULTIDÃO ENORME, POIS A LUTA NÃO É VOSSA, E SIM DE DEUS."

É POR ISTO QUE OS GIGANTES NOS DERROTAM: PORQUE NÓS OS ENFRENTAMOS COM NOSSA PRÓPRIA FORÇA E PERDEMOS. PRECISAMOS PERCEBER QUE ESTA É A BATALHA DO SENHOR. CHAME A DEUS EM ORAÇÃO PEDINDO SEU PODER, E DEPOIS ATAQUE. E NÃO DEIXE QUE O GIGANTE VOLTE EM SUA VIDA NOVAMENTE. É PRECISO CONFIAR EM DEUS. NÃO OLHE PARA DEUS À LUZ DO SEU GIGANTE. EM VEZ DISSO, OLHE PARA O SEU GIGANTE À LUZ DE DEUS.

ATACAR O SEU GIGANTE

LEIA LEVÍTICO 26, 3. 6-8: "SE SEGUIRDES MINHAS LEIS E GUARDARDES MEUS MANDAMENTOS E OS PUSERDES EM PRÁTICA, ESTABELECEREI A PAZ NO PAÍS E DORMIREIS SEM QUE NINGUÉM VOS ATERRORIZE. FAREI DESAPARECER DE VOSSA TERRA OS ANIMAIS FEROZES, E A ESPADA NÃO PASSARÁ PELO PAÍS. PERSEGUIREIS OS INIMIGOS, E ELES TOMBARÃO DIANTE DE VÓS AO FIO DA ESPADA. CINCO DE VÓS PERSEGUIRÃO CEM, CEM DE VÓS PERSEGUIRÃO DEZ MIL, E OS INIMIGOS TOMBARÃO DIANTE DE VÓS AO FIO DA ESPADA."

SE TOLERARMOS UM GIGANTE, ELE ASSUMIRÁ O NOSSO TERRITÓRIO. ELE VIRÁ ATÉ A SUA PORTA. É POR ISSO QUE NÃO DEVEMOS FUGIR DE GIGANTES NEM NEGOCIAR COM ELES. DEVEMOS ATACÁ-LOS. VOCÊ VAI ATACÁ-LOS. À MEDIDA QUE O INIMIGO SE APROXIMA, CORRAMOS EM SUA DIREÇÃO.SEJA QUAL FOR O GIGANTE, FORCE-O EM DEUS.

FORÇA, OUSADIA E CORAGEM PARA A **BATALHA**

"Tudo posso naquele que me dá força." *Filipenses 4,13*

"O Senhor é a minha força e o meu escudo." *Salmo 28, 7*

"Quando te invoquei, me respondeste, aumentaste em mim a força." *Salmo 138, 3*

"Do seu santuário Deus é terrível, o Deus de Israel dá força e vigor a seu povo." *Salmo 68, 36*

"Ele dá ânimo ao cansado, e recupera as forças do enfraquecido." *Isaías 40, 29*

"Pois o Senhor estará ao teu lado e guardará teu pé, para não caíres na armadilha." *Provérbios 3, 26*

"Se te mostras fraco no dia da angústia, a força que te resta ainda diminuirá." *Provérbios 24, 10*

"Sim, o justo persevere no seu caminho, e aquele que tem as mãos puras redobre a coragem." *Jó 17, 9*

"Eles hão de vir em busca do SENHOR. O SENHOR há de rugir como leão e, quando ele rugir, seus filhos acudirão lá do ocidente..." *Oséias 11, 10*

ORE...

OBRIGADO, MUITO OBRIGADO, SENHOR DOS EXÉRCITOS! AGRADEÇO POR ESTAR COMIGO NO MEIO DAS BATALHAS QUE TENHO ENFRENTANDO. O SENHOR SABE QUE TENHO VINDO ORAR SEM CESSAR E CONFIADO NO SENHOR A TODO MOMENTO NESTES ÚLTIMOS DIAS. CREIO QUE ESTÁ ME GUIANDO PARA A VITÓRIA. TOCA MINHA VIDA! SALVA MINHA ALMA! AJUDA-ME A CONTINUAR LUTANDO NAS BATALHAS DE TODOS OS DIAS PARA VIVER A VERDADE DA SUA PALAVRA, SUA ESPERANÇA E SEU AMOR NESTE MUNDO FERIDO E PERDIDO. AMÉM!

SUBINDO...

5

DEUS NÃO
ESTÁ
DEMORANDO,
ESTÁ
CAPRICHANDO

1 Grande é o Senhor e digno de todo louvor, não
se pode medir sua grandeza. Uma geração conta à
outra as tuas obras, anunciam as tuas maravilhas.
Proclamam o esplendor glorioso da tua majestade
e narram os teus prodígios. Mostram a força das
tuas temíveis intervenções e falam da tua grandeza.
Difundem a lembrança da tua imensa bondade,
celebram com júbilo tua justiça. 2 O Senhor é
clemente e misericordioso, lento para a ira e rico
de graça. 3 O Senhor é bom para com todos,
compassivo com todas as suas criaturas. Que todas
as tuas obras te louvem, Senhor, e te bendigam os
teus fiéis. Proclamem a glória do teu reino e falem
do teu poder, para manifestar aos homens os teus
prodígios e a esplêndida glória do teu reino.
4 Teu reino é reino de todos os séculos, teu domínio
se estende a todas as gerações. Fiel é o Senhor em
suas palavras, santo em todas as suas obras.
5 O Senhor ampara todos os que caem e reergue
todos os combalidos. Os olhos de todos em ti
esperam e tu lhes forneces o alimento na hora certa.
6 Abres a mão e sacias o desejo de todo ser vivo.
7 O Senhor é justo em todos os seus caminhos,
santo em todas as suas obras. 8 O Senhor está
perto de todos os que o invocam, dos que o
invocam de coração sincero. 9 Satisfaz o desejo
dos que o temem, escuta o seu clamor e os salva.
10 O Senhor protege todos os que o amam, mas
destrói todos os ímpios. Que minha boca fale o
louvor do Senhor e todo ser vivo bendiga o seu
nome santo, eternamente e para sempre.

Sl 145, 3-21

Se pensarmos sobre as características de Deus, vamos começar a perceber que Deus é tudo o que necessitamos.

10 CARACTERÍSTICAS DE DEUS A PARTIR DO SALMO 145 QUE VOCÊ PRECISA CONHECER

1. A GRANDEZA DE DEUS NÃO SE PODE MEDIR
2. DEUS É CLEMENTE E CHEIO DE COMPAIXÃO
3. DEUS É BOM PARA TODOS E AS SUAS MISERICÓRDIAS SÃO SOBRE TODAS AS SUAS OBRAS
4. DEUS REINA PARA SEMPRE
5. DEUS AMPARA TODOS OS QUE CAEM E REERGUE AQUELES QUE ESTÃO SOB PESADO FARDO
6. DEUS IRÁ SATISFAZER O DESEJO DE TODO SER VIVO
7. DEUS É JUSTO EM TODOS OS SEUS CAMINHOS, LEAL EM TODAS AS SUAS OBRAS
8. DEUS ESTÁ PERTO DE TODOS OS QUE O INVOCAM DE CORAÇÃO SINCERO
9. DEUS CUMPRE O DESEJO DOS QUE O TEMEM, E ELE VAI OUVIR O SEU CLAMOR E SALVÁ-LOS
10. DEUS VAI PRESERVAR AQUELES QUE O AMAM

EUS NÃO ESTÁ DEMORAND

ESTÁ CAPRICHAND

EUS NÃO ESTÁ DEMORAND

ESTÁ CAPRICHAND

EUS NÃO ESTÁ DEMORAND

ESTÁ CAPRICHAND

EUS NÃO ESTÁ DEMORAND

ESTÁ CAPRICHAND

EUS NÃO ESTÁ DEMORAND

ESTÁ CAPRICHAND

EUS NÃO ESTÁ DEMORAND

ESTÁ CAPRICHAND

EUS NÃO ESTÁ DEMORAND

ESTÁ CAPRICHAND

Ninguém gosta de esperar, principalmente nos dias de hoje. Nossa sociedade está acostumada a ter o que quer, quando quer. Mas este não é o caminho de Deus. A partir de uma perspectiva bíblica, a espera não é apenas o período que temos de percorrer até conseguirmos o que queremos. Esperar é parte do processo para nos tornarmos o que Deus quer que sejamos. Parte da lição é aprendermos a diferença entre as nossas demandas e os desejos de Deus. Quando vemos esse tempo a partir de Deus, rapidamente se torna claro que o que achamos que precisamos nem sempre corresponderão que Deus sabe o que é melhor para nós. “Mas eu em ti espero, Senhor, repito: és tu o meu Deus. Na tua mão está o meu destino.” *(Sl 31, 15-16a)*

A maioria dos grandes homens e mulheres da Bíblia teve de suportar longos períodos de espera antes de ter seus propósitos dados por Deus. Abraão teve de esperar muitos anos até o filho prometido nascer. Moisés tinha oitenta anos quando Deus o chamou para tirar os israelitas do Egito. José suportou longos anos de injustiça antes de ser colocado no comando de todo o Egito. Davi sofreu muitos anos de perseguição nas mãos de Saul antes de se tornar rei. E a lista continua. Deus usou os períodos de espera para preparar essas pessoas para as bênçãos extraordinárias que Ele tinha reservado para elas.

"Em vista disso, o SENHOR
espera a hora de vos perdoar.
Ele toma a iniciativa de mostrar-
vos compaixão, pois o SENHOR
é um Deus justo – felizes os que
nele esperam!"
(Is 30, 18)

MUDE O FOCO

À medida que o poder da Palavra de Deus tece esperança em minhas orações, o incentivo preenche o vazio em meu coração. Lembro-me uma vez mais do amor e da fidelidade infalível de Deus.

Escuto música para louvar ao longo do dia em casa, no carro e no trabalho. As letras e melodias brotam em mim com alegria quando eu canto junto. Sinto a paz e o prazer de Deus e, naqueles momentos doces, meus medos desaparecerem, transformando minhas dúvidas em expectativa confiante.

Agradeço a Deus pelas orações respondidas e milagres em meu passado. Lembro-me de como Deus sempre veio através naqueles tempos difíceis de grande necessidade, e agradeço-lhe antecipadamente por suas respostas ainda por vir.

EM TEMPOS DE ESPERA,
NÃO SE ESQUEÇA:

DEUS CUMPRE SUAS PROMESSAS

QUANDO ESTAMOS NO MEIO DE UMA ESPERA, PODE SER MUITO DIFÍCIL ENTENDER POR QUE DEUS, APARENTEMENTE, NÃO ESTÁ RESPONDENDO ÀS NOSSAS ORAÇÕES. NO ENTANTO, QUANDO OLHAMOS PARA TRÁS, PODEMOS VER POR QUE DEUS NOS FEZ ESPERAR. "DEUS NÃO É HOMEM PARA QUE MINTA, NEM CRIATURA HUMANA PARA QUE SE ARREPENDA. DIZ ALGUMA COISA E NÃO A FAZ, PROMETE ALGO E NÃO O CUMPRE?" (NM 23, 19) "ENQUANTO AINDA ESTAVA FALANDO, CHEGARAM ALGUNS DA CASA DO CHEFE DA SINAGOGA DIZENDO: 'TUA FILHA MORREU. POR QUE AINDA INCOMODAS O MESTRE?' JESUS OUVIU A NOTÍCIA E DISSE AO CHEFE DA SINAGOGA: 'NÃO TENHAS MEDO, SOMENTE CRÊ.'" (MC 5, 35-36)

DEUS OUVE AS SUAS ORAÇÕES

QUANDO ESTAMOS PASSANDO POR TEMPOS DIFÍCEIS E ESTAMOS PREOCUPADOS COM O NOSSO FUTURO, NÃO ESQUEÇAMOS QUE DEUS ESTÁ SEMPRE AO NOSSO LADO. ELE SENTE COMPAIXÃO QUANDO ESTAMOS COM DOR E ENTENDE PELO QUE ESTAMOS PASSANDO. PODE PARECER QUE ELE ESTÁ EM SILÊNCIO, MAS É QUE ELE ESTÁ TRABALHANDO EM NOSSO FAVOR. "OS OLHOS DO SENHOR ESTÃO VOLTADOS PARA OS JUSTOS, SEUS OUVIDOS ESTÃO ATENTOS A SEU GRITO DE SOCORRO." (SL 34, 16) "O SENHOR MANTÉM-SE LONGE DOS ÍMPIOS, MAS OUVE AS ORAÇÕES DOS JUSTOS." (PV 15, 29) "SE ENTÃO O POVO SOBRE O QUAL FOR INVOCADO MEU NOME SE HUMILHAR, ORAR, ME PROCURAR E SE CONVERTER DE SUA MÁ CONDUTA, EU ESCUTAREI DO CÉU, LHE PERDOAREI O PECADO E RESTITUIREI A SAÚDE À TERRA. MEUS OLHOS ESTARÃO ABERTOS E OS OUVIDOS ATENTOS À ORAÇÃO FEITA NESTE LUGAR." (2 CR 7, 14-15)

DEUS QUER TE ABENÇOAR

ÀS VEZES NOS ESQUECEMOS DISSO. ESQUECEMO-NOS DE SUA GRAÇA. O FAVOR IMERECIDO DE DEUS É DEMONSTRADO LIVREMENTE EM RELAÇÃO A NÓS. NÓS NÃO MERECEMOS AS BÊNÇÃOS DE DEUS. "DE SUA PLENITUDE TODOS NÓS RECEBEMOS, GRAÇA POR GRAÇA." (JO 1, 16). MAS DEUS GOSTA DE ABENÇOAR SEUS FILHOS E QUER ABENÇOÁ-LOS. "MINHA ALEGRIA SERÁ FAZÊ-LOS FELIZES, PLANTÁ-LOS DE MANEIRA ESTÁVEL NESTA TERRA, DE TODO O MEU CORAÇÃO, COM TODA A MINHA ALMA." (JR 32, 41). DEUS PROMETE ABENÇOÁ-LO, SE VOCÊ SEGUIR AS INSTRUÇÕES DELE. "SE OBEDECERES À VOZ DO SENHOR TEU DEUS, VIRÃO SOBRE TI E TE SEGUIRÃO TODAS ESTAS BÊNÇÃOS: BENDITO SERÁS NA CIDADE E BENDITO NO CAMPO. BENDITO SERÁ O FRUTO DO TEU VENTRE, O FRUTO DA TERRA, A CRIA DOS ANIMAIS, DO GADO E DAS OVELHAS. BENDITA SERÁ TUA CESTA E TUA AMASSADEIRA. BENDITO SERÁS AO ENTRAR E BENDITO AO SAIR. O SENHOR DESBARATARÁ DIANTE DE TI OS INIMIGOS QUE SE LEVANTAREM CONTRA TI. SE VIEREM POR UM CAMINHO, FUGIRÃO À TUA VISTA POR SETE CAMINHOS. O SENHOR FARÁ A BÊNÇÃO ESTAR CONTIGO NOS CELEIROS E EM TODO TRABALHO DE TUAS MÃOS. E O SENHOR TEU DEUS TE ABENÇOARÁ NA TERRA QUE TE DÁ." (DT 28, 2-8)

ORE...

SENHOR, TU SABES COMO ESPERAR É DIFÍCIL PARA MIM. POR FAVOR, DÊ-ME A PACIÊNCIA DE QUE EU PRECISO PARA AGUARDAR OS TEUS DESÍGNIOS, QUE SÃO RETOS E PERFEITOS. QUANDO EU ESTIVER TENTADO A FAZER ALGO, FALA AO MEU CORAÇÃO E ME FAZ LEMBRAR DE QUE AGIR COM AFOBAÇÃO PODE ME FAZER PERDER O MELHOR QUE TENS PREPARADO PARA MIM. AJUDA-ME A ESPERAR, COM BOA VONTADE, POIS NÃO É APENAS UM PERÍODO QUE TENHO DE PERCORRER ATÉ CONSEGUIR O QUE QUERO. ESSE É O MEU PROCESSO PARA ME TORNAR O QUE O SENHOR QUER QUE EU SEJA. OBRIGADO POR TODAS AS BÊNÇÃOS QUE O SENHOR TEM DERRAMADO SOBRE MIM!

HORA DE SUBIR!

6

UMA BÊNÇÃO QUE NÃO PODEMOS IMAGINAR

"BÊNÇÃO"?

O Senhor disse a Abrão: "Sai de tua terra, do meio de teus parentes, da casa de teu pai, e vai para a terra que eu vou te mostrar. Farei de ti uma grande nação e te **abençoarei**: engrandecerei o teu nome, de modo que ele se torne uma **bênção. Abençoarei** os que te **abençoarem** e amaldiçoarei os que te amaldiçoarem. Em ti serão **abençoadas** todas as famílias da terra."

(Gn 12, 1-3)

Neste trecho da sagrada escritura, a palavra "bênção" (e suas variantes)é usada cinco vezes. Por isso, já concluímos que estamos diante de uma palavra importante. Mas o que isso significa? A primeira coisa que podemos dizer sobre a bênção é que é o oposto de maldição. Deus vai abençoar as pessoas que abençoarem a família de Abraão e amaldiçoar o povo que os amaldiçoar. Quando se amaldiçoa alguém se quer que coisas ruins aconteçam a essa pessoa. Portanto, fica lógico supor que bênção tem algo a ver com querer coisas boas para acontecer a si mesmo e aos outros. Bênção é algo positivo. É uma graça que devemos querer. Na passagem acima, Deus promete a Abraão que ele receberá coisas boas.

Porém, é mais do que receber coisas boas. Bênção é estar em relacionamento com Deus. Andar pelos caminhos corretos. É ser capaz de viver como amigo de Deus, ser parte do seu povo. Receber as coisas boas não é o principal objetivo aqui. A coisa mais importante é estar num relacionamento de proximidade com Deus. Receber as dádivas de Deus é uma consequência de estar em intimidade com Ele, que é criador do universo.

Uma bênção que não podemos imaginar...

"Por esse motivo rogarei ao Senhor e diante de Deus exporei minha fala. Ele faz coisas grandes e misteriosas, maravilhas que não se podem contar." *(Jó 5, 8-9)*

ABRA! ESSE PRESENTE É SEU...

"Surpresas?"

As surpresas são coisas da vida. Todos os dias nos deparamos com as possibilidades de sermos surpreendidos. A vida é cheia de surpresas. Todo dia você acorda e pode ser confrontado com um dia de mudanças na vida. É por isso que você precisa saber como lidar com as surpresas da vida.

Precisamos entrar em sintonia com Deus. Caminhar com Deus na jornada da vida faz uma tremenda diferença na forma como experimentamos e saímos das decepções da vida e de suas surpresas.

"Piedade de mim, ó Deus, tem piedade, pois em ti me refugio; abrigo-me à sombra de tuas asas até que passe o perigo. Invocarei o Deus Altíssimo, Deus que me faz o bem." (Sl 57, 2)

Consta em Provérbios 16, 9 que "O coração humano projeta o caminho, mas é o Senhor quem dirige os passos". A vontade de Deus para nós é perfeita. Ele nunca faz nada por acaso nem comete erros. A Bíblia nos diz muitas vezes que Deus tem prazer em abençoar seus filhos com sua bondade, fidelidade e amor. Ele permanece fiel e irá abrir as portas de bênçãos para nós, que nunca imaginamos que isso pudesse acontecer, e vai nos levar sempre à frente, ao melhor.

Os caminhos de Deus são surpreendentes porque não são os nossos caminhos. Vamos com Deus. Ele cumprirá de forma surpreendente seus propósitos e sua soberana vontade. Ele nos ama incondicionalmente. Ele responde, ao seu tempo, a nossa oração.

Portanto, não nos assustemos. Surpresas de Deus vão acontecer a qualquer momento. Pode ser uma resposta às orações de muitos anos atrás. Consta em Efésios 3, 20: "Àquele que tem o poder de realizar, por sua força agindo em nós, infinitamente mais que tudo que possamos pedir ou pensar."

"Não esqueçamos que Deus é o Deus da Lei, mas ele é (também) o Deus de surpresas. Deus reserva 'surpresas' para o seu povo, nele tudo é sempre novo: Ele nunca se contradiz, nunca diz que o que disse estava errado, mas sempre nos surpreende. Não esqueçamos que somos um povo em uma viagem. Em uma viagem! E, quando partimos em uma jornada, quando estamos em um caminho, vamos sempre descobrir coisas novas, coisas que nós não sabemos. Não é absoluto em si (mas é) o caminho em direção à manifestação definitiva do Senhor. A vida é uma jornada em direção à plenitude de Jesus Cristo." (Papa Francisco)

DEUS DE
SURPRESAS!

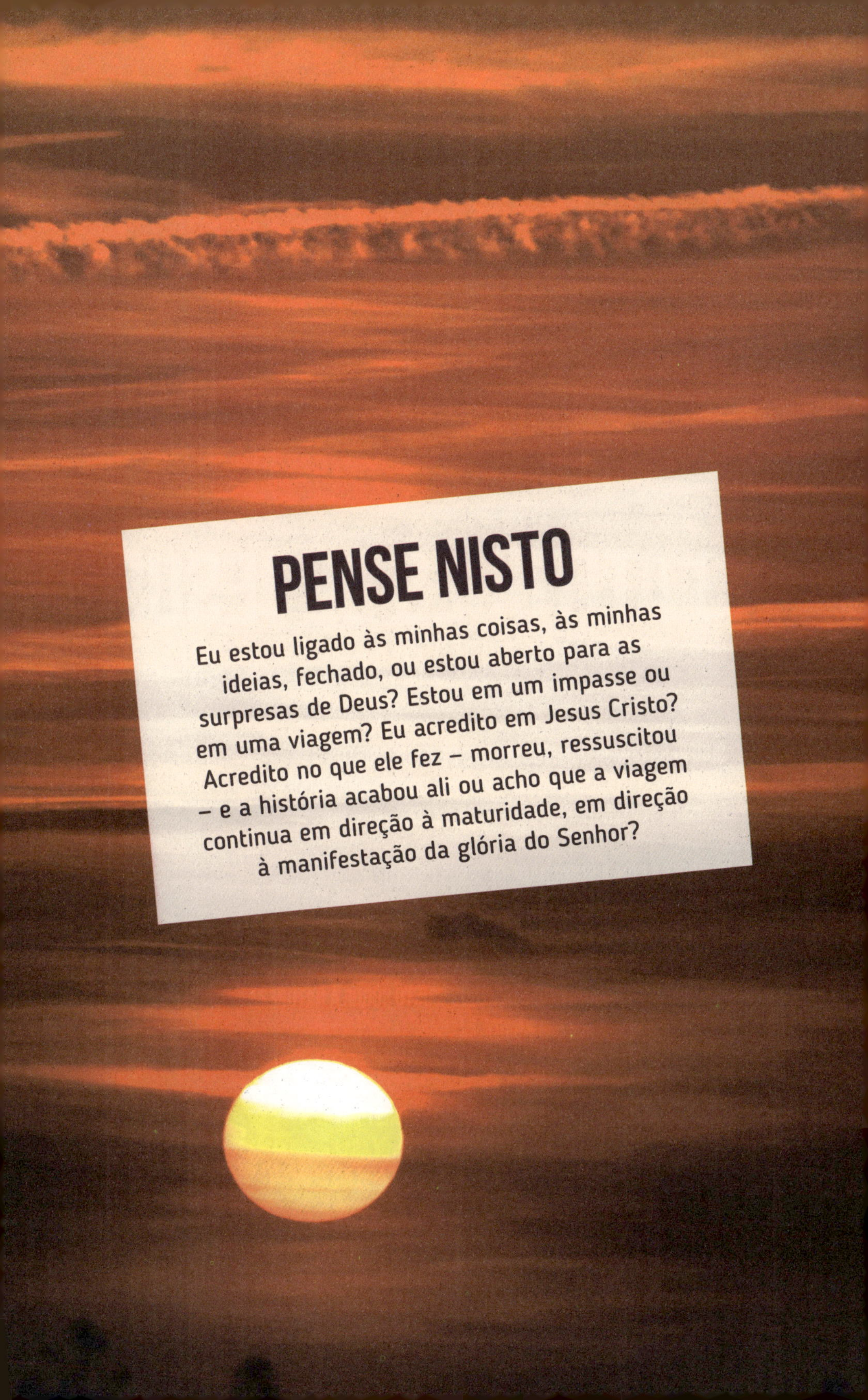

PENSE NISTO

Eu estou ligado às minhas coisas, às minhas ideias, fechado, ou estou aberto para as surpresas de Deus? Estou em um impasse ou em uma viagem? Eu acredito em Jesus Cristo? Acredito no que ele fez – morreu, ressuscitou – e a história acabou ali ou acho que a viagem continua em direção à maturidade, em direção à manifestação da glória do Senhor?

13 ATITUDES DE JESUS
QUE SURPREENDERAM AS PESSOAS

1. **SURPRESA COM REQUISITOS MORAIS DE JESUS CRISTO**
   "SE VOSSA JUSTIÇA NÃO FOR MAIOR QUE A DOS ESCRIBAS E DOS FARISEUS, NÃO ENTRAREIS NO REINO DOS CÉUS." (MT 5, 20)

2. **SURPRESA COM A HUMILDADE DE JESUS CRISTO**
   "CHEGOU ASSIM A SIMÃO PEDRO. ESTE DISSE: 'SENHOR, TU VAIS LAVAR-ME OS PÉS?'" (JO 13, 6)

3. **SURPRESA COM O CONTROLE DE JESUS CRISTO SOBRE A NATUREZA**
   "AS PESSOAS FICARAM ADMIRADAS E DIZIAM: 'QUEM É ESTE, QUE ATÉ OS VENTOS E O MAR LHE OBEDECEM?'" (MT 8, 27)

4. **SURPRESA COM AS COMPANHIAS QUE JESUS CRISTO**
   "ALGUNS FARISEUS VIRAM ISSO E DISSERAM AOS DISCÍPULOS: 'POR QUE VOSSO MESTRE COME COM OS PUBLICANOS E PECADORES?'" (MT 9, 11)

5. **SURPRESA COM AS CURAS DE JESUS CRISTO**
   "CHEIOS DE GRANDE ADMIRAÇÃO, DIZIAM: 'TUDO ELE TEM FEITO BEM. FAZ OS SURDOS OUVIREM E OS MUDOS FALAREM'" (MC 7, 37)

6. **SURPRESA COM OS REQUISITOS PARA A ENTRADA NO REINO DOS CÉUS**
"JESUS DISSE: 'DEIXAI AS CRIANÇAS, E NÃO AS IMPEÇAIS DE VIREM A MIM; PORQUE A PESSOAS ASSIM É QUE PERTENCE O REINO DOS CÉUS.'" (MT 19, 14)

7. **SURPRESA COM A AUTORIDADE DO ENSINO DE JESUS CRISTO**
"TODOS FICARAM ADMIRADOS COM SEUS ENSINAMENTOS, POIS ELE OS ENSINAVA COMO QUEM TEM AUTORIDADE, NÃO COMO OS ESCRIBAS." (MC 1, 22)

8. **SURPRESA COM A SABEDORIA DE JESUS CRISTO**
"E NÃO CONSEGUIRAM FLAGRÁ-LO DIANTE DO POVO EM NENHUMA DE SUAS PALAVRAS. ASSOMBRADOS DIANTE DAQUELA RESPOSTA, ELES SE CALARAM." (LC 20, 26)

9. **SURPRESA COM AS PERSPECTIVAS DE JESUS CRISTO**
"MAS ELE DISSE: 'VÓS MESMOS, DAI- LHES DE COMER'. ELES RESPONDERAM: 'SÓ TEMOS CINCO PÃES E DOIS PEIXES — A NÃO SER QUE FÔSSEMOS COMPRAR COMIDA PARA TODA ESSA GENTE!'" (LC 9,13)

10. **SURPRESA COM A AUTORIDADE DE JESUS CRISTO NO REINO ESPIRITUAL**
"TODOS FICARAM ADMIRADOS E PERGUNTAVAM UNS AOS OUTROS: 'QUE É ISTO? UM ENSINAMENTO NOVO, E COM AUTORIDADE: ELE DÁ ORDENS ATÉ AOS ESPÍRITOS IMPUROS, E ELES LHE OBEDECEM!'" (MC 1,27)

11. **SURPRESA COM A REJEIÇÃO ÀS PALAVRAS E ÀS PRÁTICAS RELIGIOSAS**
"ENTÃO COMEÇAREIS A DIZER: 'COMEMOS E BEBEMOS NA TUA PRESENÇA, E TU ENSINASTE EM NOSSAS PRAÇAS!' ELE, PORÉM, RESPONDERÁ: 'NÃO SEI DE ONDE SOIS. AFASTAI-VOS DE MIM, TODOS VÓS QUE PRATICAIS A INIQUIDADE!'" (LC 13, 26-27)

12. **SURPRESA COM JESUS CRISTO TRAZENDO DE VOLTA OS MORTOS**
"APROXIMANDO-SE, TOCOU NO CAIXÃO, E OS QUE O CARREGAVAM PARARAM. ELE ORDENOU: 'JOVEM, EU TE DIGO, LEVANTA-TE!' O QUE ESTAVA MORTO SENTOU-SE E COMEÇOU A FALAR. E JESUS O ENTREGOU À SUA MÃE. TODOS FICARAM TOMADOS DE TEMOR E GLORIFICAVAM A DEUS DIZENDO: 'UM GRANDE PROFETA SURGIU ENTRE NÓS', E: 'DEUS VEIO VISITAR O SEU POVO.'" (LC 7, 14-16)

13. **SURPRESA COM A APARIÇÃO PÓS-RESSURREIÇÃO DE JESUS CRISTO**
"AINDA ESTAVAM FALANDO, QUANDO O PRÓPRIO JESUS APARECEU NO MEIO DELES E LHES DISSE: 'A PAZ ESTEJA CONVOSCO!' ELES FICARAM ASSUSTADOS E CHEIOS DE MEDO, PENSANDO QUE ESTAVAM VENDO UM ESPÍRITO." (LC 24, 36-37)"

ORE...

AO DEUS DAS SURPRESAS

Ó, DEUS DE SURPRESAS, ME ENCANTAS, CONVIDANDO-ME A ACEITAR PRESENTES AINDA NÃO IMAGINADOS.

Ó, DEUS DA TRANSFORMAÇÃO, ME CHAMAS, ABRINDO-ME À RENOVAÇÃO CONTÍNUA.

Ó, DEUS DE JUSTIÇA, ME CONFRONTAS, DESAFIANDO-ME A VER O MUNDO PELOS SEUS OLHOS.

Ó, DEUS DA ABUNDÂNCIA, ME ASSEGURAS, EMPURRANDO-ME EM DIREÇÃO A CONFIANÇA MAIS PROFUNDA.

Ó, DEUS DO ABRAÇO, ME ENVOLVES, RODEANDO-ME COM AMOR EM SUA CASA.

Ó, DEUS DA ESPERANÇA, ME ABENÇOAS, ENCORAJANDO-ME COM OS FRUTOS DA FÉ.

Ó DEUS DO ACOLHIMENTO, ME CONVIDAS, ACONCHEGANDO-ME MAIS PERTO DE TI.

Ó, DEUS, QUE ESTÁ PRESENTE EM MIM, DESPERTANDO-ME PARA AS TUAS COISAS, DESÍGNIOS E PROJETOS.

Ó, DEUS, ESTEJA COMIGO HOJE E SEMPRE.

AMÉM.

SUBINDO!

7

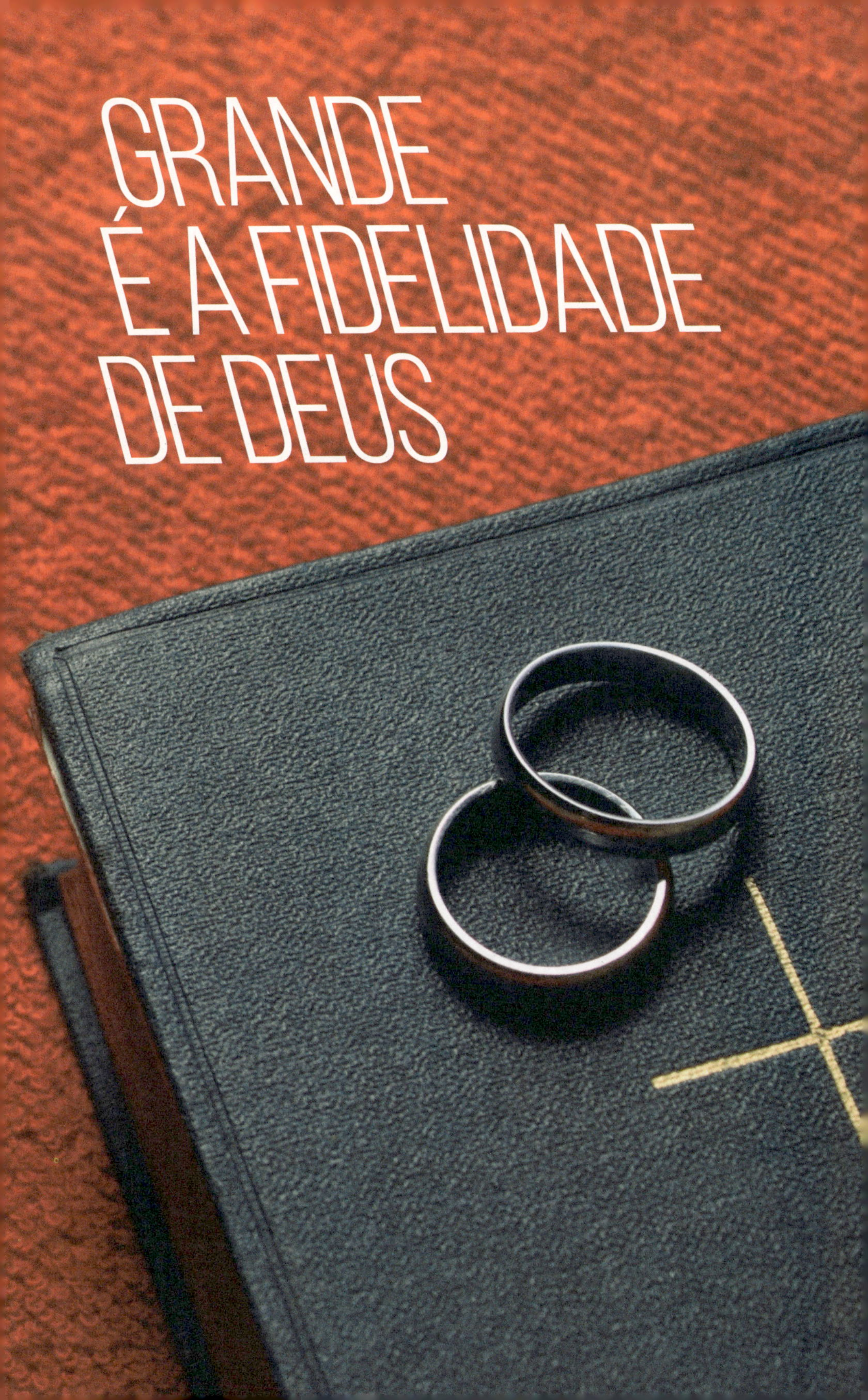
GRANDE
É A FIDELIDADE
DE DEUS

DEUS É FIEL

As escrituras (Bíblia) declaram que Deus é fiel. No entanto, o que significa ser fiel? Comecemos agora examinando a definição ou significado da palavra "fidelidade":

1. **Qualidade de fiel.**
2. **Fé, lealdade.**
3. **Verdade, veracidade.**
4. **Exatidão.**

#FIDELIDADE

é o termo com origem no latim *fidelis*, que significa uma atitude de quem é fiel, de quem tem compromisso com aquilo que assume. É uma característica daquele que é leal, que é confiável, honesto e verdadeiro.

#FIDELIDADE

é uma das características de Deus, e significa que Deus não desiste, não vira as costas, não abandona os seus filhos.

GRANDE
É A FIDELIDADE DE DEUS

3 CARACTERÍSTICAS DA FIDELIDADE DE DEUS

1 DEUS REALIZA O QUE PROMETE

"DEUS NÃO É HOMEM PARA QUE MINTA, NEM CRIATURA HUMANA PARA QUE SE ARREPENDA. DIZ ALGUMA COISA E NÃO A FAZ, PROMETE ALGO E NÃO O CUMPRE?" (NM 23, 19).

DEUS PROMETE EM SUA PALAVRA. ELE PROMETE SOLENEMENTE, COMO SE FIZESSE UM JURAMENTO EM SEUS ACORDOS; POR EXEMPLO, COM NOÉ, ABRAÃO, MOISÉS E ISRAEL, E A NOVA ALIANÇA SELADA PELO SANGUE DE CRISTO. A FIDELIDADE DE DEUS SIGNIFICA QUE ELE NÃO VAI DESMENTIR ESSAS PROMESSAS.

2 DEUS É FIEL EM SI MESMO

"ELE É O ROCHEDO! PERFEITO É SUA OBRA, E JUSTOS TODOS OS SEUS CAMINHOS! É DEUS FIEL, SEM FALSIDADE. ELE É JUSTO E CORRETO" (DT 32, 4).

SUA CONSISTÊNCIA E IMUTABILIDADE SÃO AS RAZÕES DE SUA FIDELIDADE. POR SER FIEL EM SI MESMO, ELE VAI SER FIEL A NÓS: "A MISERICÓRDIA DO SENHOR PERMANECE PARA SEMPRE.

3 DEUS CONSIDERA A CONFIANÇA DE SEUS FILHOS

"TODAS AS VEREDAS DO SENHOR SÃO AMOR E VERDADE PARA QUEM OBSERVA SUA ALIANÇA E SEUS PRECEITOS." (SL 25,10)

FIDELIDADE IMPLICA CONFIANÇA. SE COMPROMETERMOS NOSSAS ALMAS A DEUS, COMO FIEL CRIADOR, ELE ACEITA A NOSSA CONFIANÇA, E, ASSIM, COMPROMETE-SE EM NÃO NOS ABANDONAR.

5 MOTIVOS
PELOS QUAIS VOCÊ DEVE CONFIAR NA FIDELIDADE DE DEUS

1 TEMOS O CONHECIMENTO DA NATUREZA DE DEUS. SE ACREDITAMOS NELE, DEVEMOS ACREDITAR NELE COMO MORAL, BOM E PERFEITO. SE SABEMOS QUE DEUS É O CRIADOR DOS CÉUS E DA TERRA E DE TODAS AS COISAS, ENTÃO ESTARÍAMOS INCLINADOS A PARTIR DESSE CONHECIMENTO POR SI SÓ. EM OUTRAS PALAVRAS, O PODER E A FORÇA DE DEUS SÃO COMO SUAS **CREDENCIAIS**.

2 TEMOS A INSPIRAÇÃO BÍBLICA. PODEMOS NÃO SABER SE UMA PESSOA É CONFIÁVEL, MAS TENDEMOS A CONFIAR NESSA PESSOA, SE ALGUÉM QUE CONSIDERAMOS CONFIÁVEL FIZER UMA INDICAÇÃO SOBRE ELA. A **BÍBLIA** FAZ ISSO PARA NÓS EM DIREÇÃO A DEUS. A BÍBLIA DECLARA A FIDELIDADE DE DEUS PELOS TESTEMUNHOS DOS ESCRITORES BÍBLICOS.

3 TEMOS O TESTEMUNHO DA IGREJA, QUE É ONDE ENCONTRAMOS A EXPERIÊNCIA DOS SANTOS E DE MUITOS FIÉIS QUE ESTÃO MAIS PRÓXIMOS DE DEUS EM PENSAMENTO E VIDA E CONFIRMAM A SUA FIDELIDADE. NÓS PODEMOS TER A OPORTUNIDADE DE CONFIAR NELES PELO **TESTEMUNHO** DE OUTROS, POR UM DEPOIMENTO DE FÉ.

4 TEMOS AS EVIDÊNCIAS DA VIDA DE CRISTO. CRISTO FOI O GRANDE REVELADOR DO CARÁTER DE DEUS; E CRISTO FOI FIEL ATÉ A MORTE. NELE RECONHECEMOS O QUE DEUS QUER DO SER HUMANO.

5 TEMOS CONFIRMAÇÃO PELA EXPERIÊNCIA PESSOAL. MUITOS JÁ PROVARAM A FIDELIDADE DE DEUS EM SUAS PRÓPRIAS VIDAS. E PODEM DIZER COM O SALMISTA: "ESTE POBRE CLAMOU, E O SENHOR O OUVIU, E O LIVROU DE TODOS OS SEUS PROBLEMAS". EXPERIÊNCIA É O CAMINHO CERTO PARA APRENDER A CONFIAR EM DEUS E OBEDECÊ-LO. DEUS É FIEL E O QUE ELE PROMETE VIRÁ A ACONTECER. PORTANTO, SUA FIDELIDADE SERÁ DEMONSTRADA CADA VEZ QUE NÓS CONFIAMOS NELE E ENTÃO O OBEDECEMOS.

3 TENTAÇÕES QUE PODEM FAZÊ-LO DUVIDAR DA FIDELIDADE DE DEUS

A sensação de demora

Deus parece não cumprir suas promessas quando vivemos longos intervalos que provam a nossa fé. O coração está com a esperança perdida. Será que Deus se importa comigo? Mas essa dúvida é tão ingênua quanto a de quem, vendo o manhã demorar muito para chegar, começa a desconfiar da promessa do nascer do sol.

A sensação de abandono

Deus parece nos abandonar, ou até mesmo nos castigar. Parece que temos nuvens diante da nossa visão. "Porque o Senhor não rejeita seu povo, não pode abandonar sua herança." (Sl 94,14) "O Senhor teu Deus é ele mesmo o teu guia, e não te deixará nem te abandonará." *(Dt 31, 6)*

O desapontamento

Deus nem sempre cumpre suas promessas pelo caminho esperado por nós. Então nos desapontamos. Mas o erro foi na ilusão, na expectativa equivocada que criamos, não em qualquer alteração da parte de Deus. "A esperança não decepciona, porque o amor de Deus foi derramado em nossos corações pelo Espírito Santo que nos foi dado." *(Rm 5, 5)*

A Bíblia declara que Deus é fiel. Isso significa que Ele é fiel à sua palavra. Se Deus prometer alguma coisa, então Ele vai cumpri-la e nós podemos confiar totalmente nisso. A fé em Deus, por exemplo, significa que estamos totalmente confiantes Nele para fazer o que Ele diz.

7 VERSÍCULOS SOBRE A FIDELIDADE DIVINA

1 "SENHOR, TUA BONDADE CHEGA ATÉ O CÉU, TUA FIDELIDADE ATÉ AS NUVENS." (SL 36, 6)

2 "SABERÁS, POIS, QUE O SENHOR TEU DEUS É O ÚNICO DEUS, UM DEUS FIEL, QUE GUARDA A ALIANÇA E A MISERICÓRDIA ATÉ MIL GERAÇÕES PARA AQUELES QUE O AMAM E OBSERVAM SEUS MANDAMENTOS." (DT 7, 9)

3 "HOJE E SEMPRE ESTÁ SE RENOVANDO, SUA GRANDE FIDELIDADE." (LM 3, 23)

4 "ENTRETANTO, NO MEIO DELA ESTÁ O SENHOR, O JUSTO, QUE JAMAIS PRATICA UMA INJUSTIÇA: TODO DIA ELE DÁ SUA SENTENÇA, COMO A LUZ DO DIA QUE NUNCA FALHA." (SF 3, 5)

5 "NA ESPERANÇA DA VIDA ETERNA, DESDE TEMPOS IMEMORÁVEIS PROMETIDA POR DEUS QUE NÃO MENTE." (TT 1, 2)

6 "QUE É O SER HUMANO, PARA QUE DELE TE LEMBRES, OU O FILHO DO HOMEM, PARA QUE TE OCUPES COM ELE?" (HB 2, 6)

7 "SE RECONHECEMOS NOSSOS PECADOS, ENTÃO DEUS SE MOSTRA FIEL E JUSTO, PARA NOS PERDOAR OS PECADOS E NOS PURIFICAR DE TODA INJUSTIÇA." (1JO 1, 9)

A QUESTÃO É QUE DEUS É DIGNO DE CONFIANÇA, O QUE SIGNIFICA QUE PODEMOS COLOCAR NOSSA FÉ, CONFIANÇA E ESPERANÇA NELE. É CONFIANDO NELE QUE SE CUMPRIRÁ A PLENITUDE DA NOSSA SALVAÇÃO.

SUBINDO!

8

PAI DAS MISERICÓRDIAS

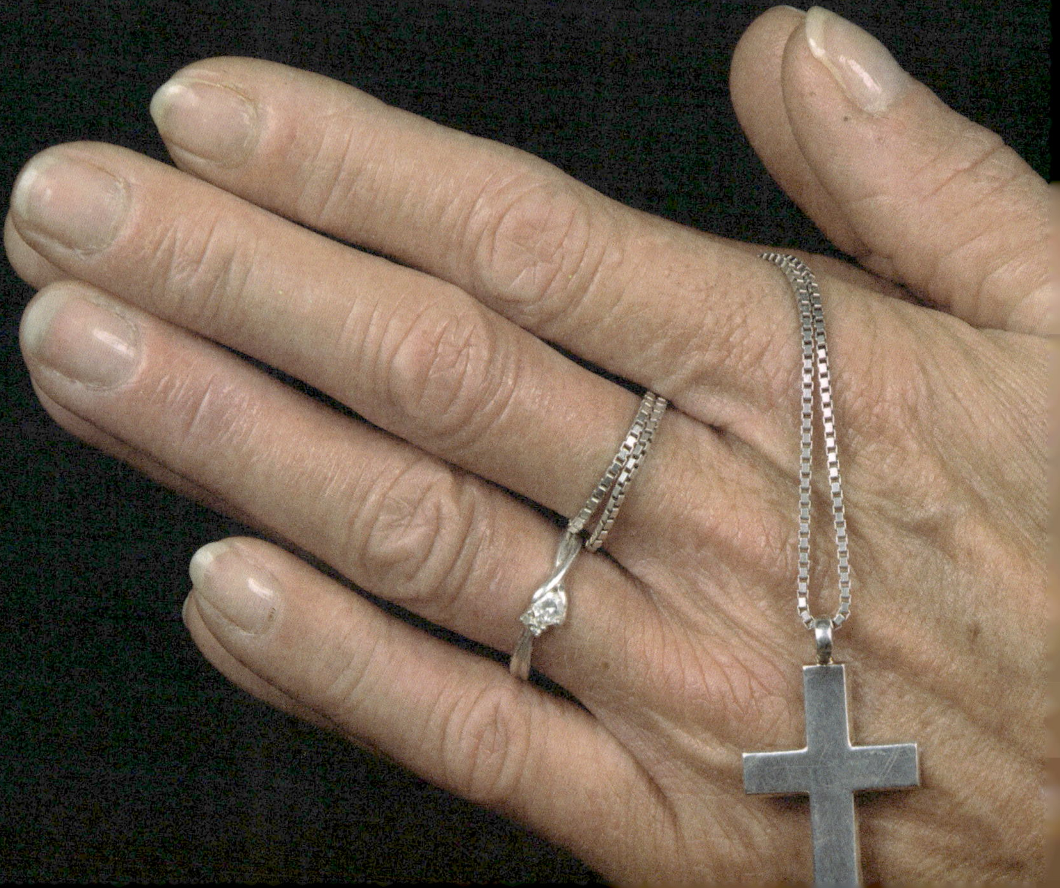

A DESOLAÇÃO

- Fecha-nos em nós mesmos
- Isola-nos da convivência com outros
- Oculta todos os nossos pontos de referência
- Suga a nossa energia
- Puxa-nos cada vez mais para baixo para os sentimentos negativos
- Faz-nos querer desistir de coisas que são importantes para nós
- Elimina a visão do que vem além

O QUE FAZER?

7 PASSOS PARA COMBATER A DESOLAÇÃO

1. DIGA A DEUS COMO VOCÊ SE SENTE E PEÇA SUA AJUDA.
2. PROCURE COMPANHIA.
3. NÃO VOLTE ATRÁS EM DECISÕES QUE VOCÊ FEZ NA CONSOLAÇÃO.
4. FIQUE QUIETO E LEMBRE-SE DO SEU PROJETO DE VIDA.
5. LEMBRE-SE DE UM MOMENTO DE CONSOLO, E VOLTE NELE EM IMAGINAÇÃO.
6. PROCURE ALGUÉM QUE PRECISA DE SUA AJUDA, E VOLTE SUA ATENÇÃO PARA COM ELA.
7. VOLTE AO PRIMEIRO PASSO.

CHEGA A CONSOLAÇÃO, E...

- Abre-nos para além de nós mesmos
- Impulsiona-nos a convivência
- Levanta-nos para que possamos ver as realidades de outras pessoas
- Traz um ânimo novo para nós
- Mostra-nos que Deus está presente em nossas vidas, levantando-nos
- Motiva novas inspirações e ideias
- Restaura o equilíbrio e nos faz ver além

O QUE FAZER?

6 PASSOS NA CONSOLAÇÃO

1. DIGA A DEUS COMO VOCÊ SE SENTE E AGRADEÇA-O.
2. GUARDE ESTE MOMENTO EM SUA MEMÓRIA PARA RETORNAR QUANDO AS COISAS FICAM DIFÍCEIS.
3. ADICIONE ESTA EXPERIÊNCIA AO SEU PROJETO DE VIDA.
4. USE SUAS FORÇAS PARA PROMOVER SEUS DESEJOS MAIS PROFUNDOS.
5. GUARDE FORÇAS PARA AS COISAS QUE VOCÊ NÃO GOSTA DE FAZER, E FAÇA-AS..
6. VOLTE AO PRIMEIRO PASSO.

PAI DAS MISERICÓRDIAS
E DEUS DE TODA CONSOLAÇÃO

Quando a vida está cansativa, quando os membros da família não se encontram num caminho bom, quando as contas não são pagas e as dívidas se acumulam, quando o trabalho está desgastante, quando o futuro está incerto, quando os resultados não aparecem nos estudos, quando a saúde está falhando, é fácil de ser desencorajado e se abater, desanimar.

Desânimo, por definição, significa "privar de confiança, esperança, ou um estado para abalar e dificultar". Em assuntos espirituais, o desânimo também não é um sentimento bom, especialmente se a pessoa continua nesse estado sem tratar a causa. Alguém pode desencorajar por causa de palavras duras ou comportamento incrédulo; outros podem ser desencorajados porque eles estão enfrentando dificuldades e perseguições; outros ainda podem simplesmente ser desencorajados porque não estão no nível de maturidade espiritual que esperam. Em cada caso e em cada situação, no entanto, o problema deve ser abordado e aquele que é desencorajado deve procurar uma solução para o desânimo.

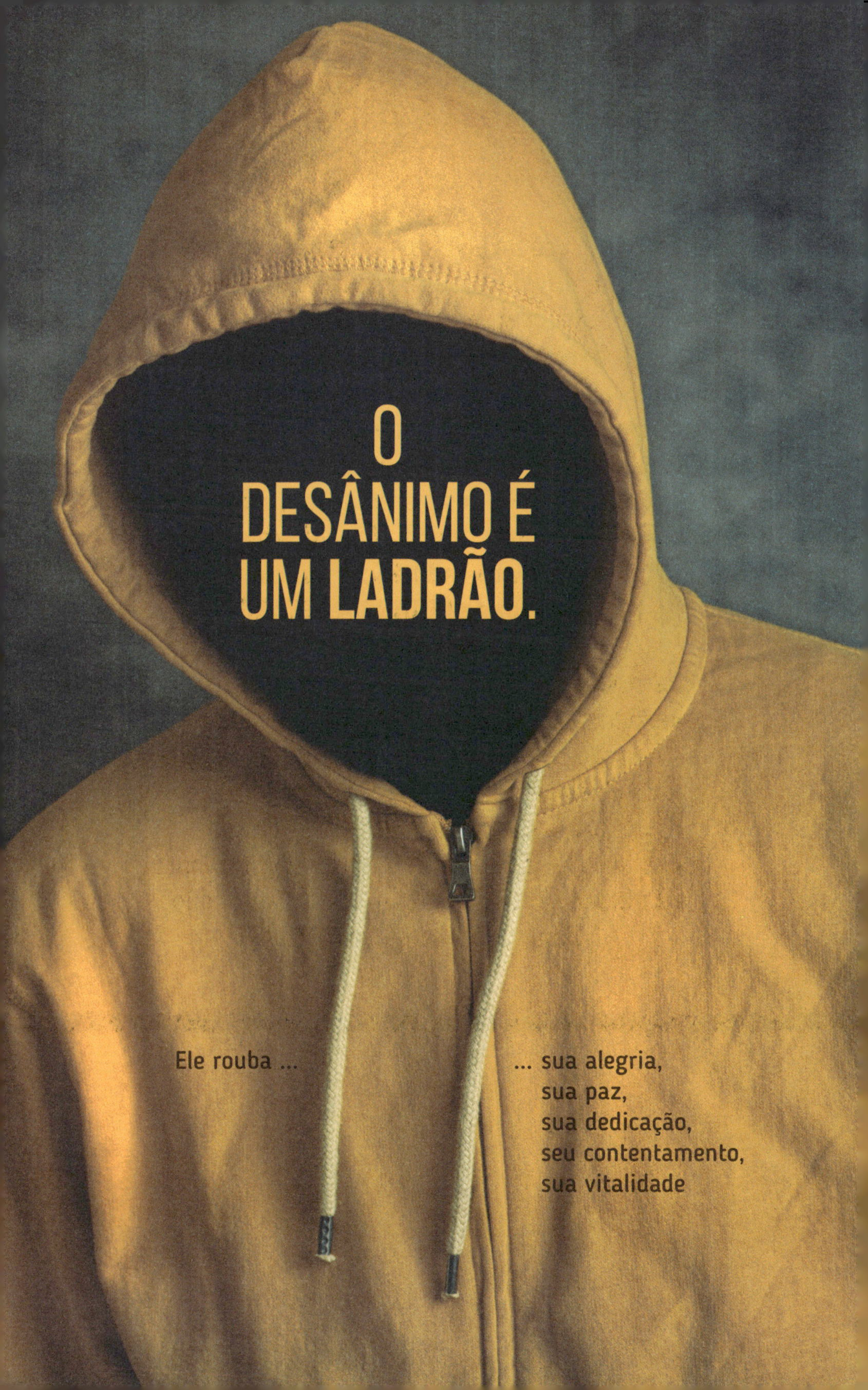
O
DESÂNIMO É
UM **LADRÃO.**
Ele rouba ...
... sua alegria,
sua paz,
sua dedicação,
seu contentamento,
sua vitalidade

OS NOMES DO DESÂNIMO SÃO:

cansaço, desesperança, desespero, autopiedade,
depressão, dúvida amargura triste abatimento
abate acabrunhamento aniquilamento
atimia baixaconsternação declínio dedução
derrubada desalento desanimo
desânimo DESCAIMENTO desconto diminuição
xoxo esmorecimento fraqueza humilhação
languidez nostalgia peso postração quebramento
quebrantamento apatia friezainatividade
indiferença indolência inércia
insensibilidade LETARGIA LETARGO
MARASMO MODORRA
esvaecimento desvanecimento enfraquecimento
vertigem amortecimento anemia astenia
atenuação atoniacovardia debilidade defeito
desfalecimento estiolamento fragilidade
moleza relaxação tibieza frialdade
friúra secura sequidão caimento esgotamento
extenuação desanimação acidia frouxidão
frouxeza cobardia covardice

O desânimo é a insatisfação com o passado, desgosto com o presente, e desconfiança do futuro. É o resultado da cegueira. É ingratidão para as bênçãos de ontem, a indiferença às oportunidades de hoje, e insegurança quanto à força para amanhã. É falta de consciência da presença de Deus, despreocupação com as necessidades de nossos semelhantes, e incredulidade nas promessas de Sua Palavra.
Se nos esquecemos de nossa bênção e só olhamos para as nossas situações de dificuldade, então, é quando o desânimo começa a tomar posse. Em vez disso, o que nós precisamos é de incentivo.

MANTER OS
OLHOS
EM DEUS É A
MELHOR
MANEIRA
DE SER INCENTIVADO

INCENTIVOS DE DEUS PARA SUA VIDA:

Afoiteza Ânimo apetite arrojo audácia coragem determinação ousadia alma energia entusiasmo espírito expressão índole concentração sentimento vida alento atrevimento bravura brio elevação coração decisão denodo denudo desembaraço esforço heroísmo intrepidez perseverança resignação valentia valor ação ardor atividade dinamismo eficácia fibra firmeza fogo força fortaleza movimento potência pulso seiva veemência vigor virilidade vivacidade acepção aguardente essência finura graça humor imaginação inteligência memória raciocínio razão sal sentido sutileza filamento ligamento fôlego espiração respiração caráter disposição entranhas feição inclinação jaez (raiz, adorno e coroamento) natural natureza sabor têmpera temperamento intenção desejo desígnio intento intuito mira plano propósito vontade arcabouço (Madeiramento de uma construção, armação) custo distinção garbo graduação merecimento mérito montante prestígio quantia valia valimento virtude animação calor existência ser substancia viço estímulo afogueamento inspiração fortificação excitação inflamação exaltação incentivo acúleo corroboração gás motivação impetuosidade

Palavra para sua vida

"Bendito seja o Deus e Pai de nosso Senhor Jesus Cristo, o Pai das misericórdias e Deus de toda consolação. Ele nos consola em todas as nossas aflições, para que, com a consolação que nós mesmos recebemos de Deus, possamos consolar os que se acham em toda e qualquer aflição. Pois, à medida que os sofrimentos de Cristo crescem para nós, cresce também a nossa consolação por Cristo. Se passamos por aflições, é para vossa consolação e salvação; se somos consolados, é para vossa consolação. E essa consolação sustenta vossa constância em meio aos mesmos sofrimentos que nós também padecemos. E a nossa esperança a vosso respeito é firme, pois sabemos que, assim como participais dos nossos sofrimentos, participais também da nossa consolação." *(1 Co 1, 3-7)*

Por ser a Palavra de Deus, a Bíblia é o livro da Misericórdia.A sua Palavra já é um ato de misericórdia para com a humanidade. Por isso, também poderemos dizer que a misericórdia é a característica essencial do agir de Deus.

{Seja encorajado porque Deus é um Deus de Misericórdias e Consolos.}

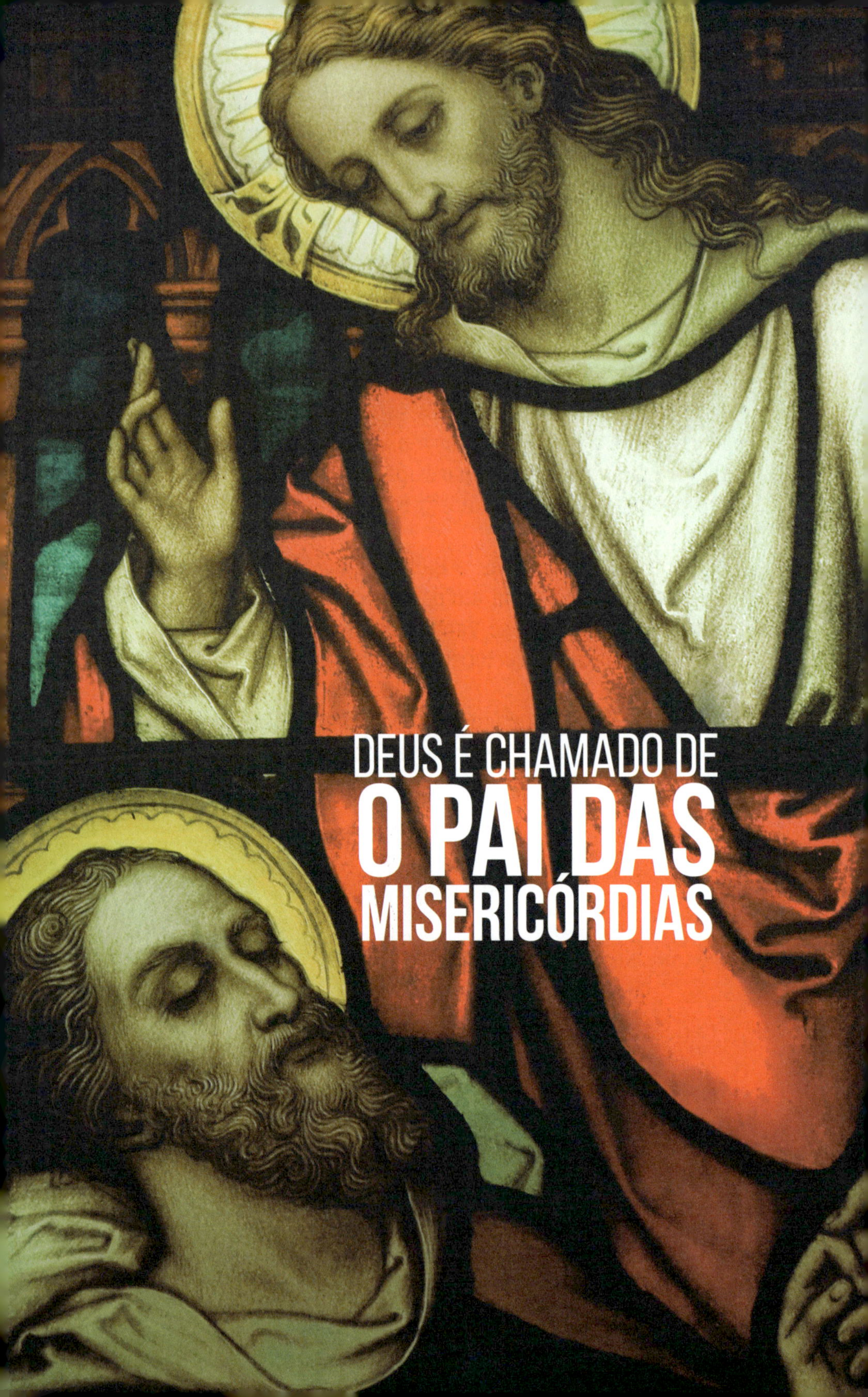

DEUS É CHAMADO DE O PAI DAS MISERICÓRDIAS

A palavra "misericórdia", *éleos*, em grego, e *hesed*, em hebraico, é completada com o verbete *rahămim* (sentir, como uma mãe, com as entranhas). A *hesed* personifica boas relações entre as pessoas, é querer bem, fazer o bem, ter afeto, desenvolver fidelidade, exercer solidariedade.

Desde o começo da aliança se fala exclusivamente da misericórdia de Deus, no sentido de amor gratuito. É algo que se faz sentir no coração. A partir do coração, Deus sente misericórdia por todos nós. Ele é o autor da misericórdia. Deus é o Deus das misericórdias: "Tu és bom, Senhor, e perdoas, és cheio de misericórdia para com todos os que te invocam." *(Sl 86, 5)* A misericórdia é, antes de mais nada, um dom de Deus a cada homem. Sua misericórdia para conosco traz a salvação, o perdão dos pecados e a libertação da condenação eterna... e isso por causa de Jesus, por causa de Sua entrega, por causa de Seu sangue derramado por nós. Essa é a grande novidade, sobretudo do Novo Testamento. Por isso, a pessoa de Jesus é o maior dom de Deus à humanidade pecadora, porque Ele é a encarnação da misericórdia de Deus.

"Misericórdia: é o ato último e supremo pelo qual Deus vem ao nosso encontro. Misericórdia: é o caminho que une Deus e o homem, porque nos abre o coração à esperança de sermos amados para sempre, apesar da limitação do nosso pecado."
(Papa Francisco)

10 CITAÇÕES DO PAPA FRANCISCO
SOBRE A MISERICÓRDIA

1

"PENSO QUE NÓS TAMBÉM SOMOS ESTE POVO QUE, POR UM LADO, QUER OUVIR JESUS, MAS, POR OUTRO, ÀS VEZES, AGRADA-NOS MALHAR OS OUTROS, CONDENAR OS OUTROS. ORA, A MENSAGEM DE JESUS É SEMPRE A MESMA: A MISERICÓRDIA. A MEU VER — HUMILDEMENTE O AFIRMO —, É A MAIS PODEROSA MENSAGEM DO SENHOR: A MISERICÓRDIA."
(HOMILIA, EM 17 DE MARÇO DE 2013)

2

"NÃO É FÁCIL SE ENTREGAR À MISERICÓRDIA DE DEUS PORQUE SE TRATA DE UM ABISMO INCOMPREENSÍVEL. MAS DEVEMOS FAZÊ-LO! 'OH, PADRE, SE CONHECESSES A MINHA VIDA, NÃO ME FALARIAS ASSIM!' 'PORQUÊ? QUE FIZESTE?' 'OH, FI-LAS GRANDES E GRAVES!' 'MELHOR! VAI TER COM JESUS; ELE GOSTA QUE LHE CONTES ESSAS COISAS!' ELE ESQUECE; ELE TEM UMA CAPACIDADE ESPECIAL DE ESQUECER. ESQUECE, BEIJA-TE, ABRAÇA-TE E APENAS TE DIZ: 'EU TAMBÉM NÃO TE CONDENO. VAI, E DE AGORA EM DIANTE NÃO PEQUES MAIS.'" (JO 8, 11)
(HOMILIA, EM 17 DE MARÇO DE 2013)

3

IMPRESSIONA O COMPORTAMENTO DE JESUS: NÃO OUVIMOS PALAVRAS DE DESPREZO, NÃO OUVIMOS PALAVRAS DE CONDENAÇÃO, MAS APENAS PALAVRAS DE AMOR, DE MISERICÓRDIA, QUE CONVIDAM À CONVERSÃO: "EU TAMBÉM NÃO TE CONDENO. VAI, E DE AGORA EM DIANTE NÃO PEQUES MAIS" (V. 11). IRMÃOS E IRMÃS, O ROSTO DE DEUS É O DE UM PAI MISERICORDIOSO, QUE SEMPRE TEM PACIÊNCIA. JÁ PENSASTES NA PACIÊNCIA DE DEUS, NA PACIÊNCIA QUE ELE TEM COM CADA UM DE NÓS? É A SUA MISERICÓRDIA. SEMPRE TEM PACIÊNCIA, TANTA PACIÊNCIA CONOSCO: COMPREENDE-NOS, ESTÁ À NOSSA ESPERA; NÃO SE CANSA DE NOS PERDOAR, SE SOUBERMOS VOLTAR PARA ELE COM O CORAÇÃO CONTRITO. "GRANDE É A MISERICÓRDIA DO SENHOR", DIZ O SALMO.

(ANGELUS EM 17 MARÇO 2013)

4

"NESTES DIAS, PUDE LER O LIVRO DE UM CARDEAL — QUE ME FEZ MESMO BEM, MUITO BEM... O CARDEAL KASPER DIZIA QUE A MELHOR SENSAÇÃO QUE PODEMOS TER É SENTIR MISERICÓRDIA: ESTA PALAVRA MUDA TUDO, MUDA O MUNDO. UM POUCO DE MISERICÓRDIA TORNA O MUNDO MENOS FRIO E MAIS JUSTO. PRECISAMOS COMPREENDER BEM ESTA MISERICÓRDIA DE DEUS, ESTE PAI MISERICORDIOSO QUE TEM TANTA PACIÊNCIA... RECORDEMOS O PROFETA ISAÍAS QUE AFIRMA: MESMO QUE OS NOSSOS PECADOS FOSSEM VERMELHO-ESCARLATE, O AMOR DE DEUS TORNÁ-LOS-IA BRANCOS COMO A NEVE. COMO É BELA A MISERICÓRDIA!"

(ANGELUS, EM 17 DE MARÇO 2013)

5

A MISERICÓRDIA DE DEUS PODE FAZER FLORIR MESMO A TERRA MAIS ÁRIDA, PODE DEVOLVER A VIDA AOS OSSOS RESSEQUIDOS (CF. EZ 37, 1-14). EIS, PORTANTO, O CONVITE QUE DIRIJO A TODOS: ACOLHAMOS A GRAÇA DA RESSURREIÇÃO DE CRISTO! DEIXEMO-NOS RENOVAR PELA MISERICÓRDIA DE DEUS, DEIXEMO-NOS AMAR POR JESUS, DEIXEMOS QUE A FORÇA DO SEU AMOR TRANSFORME TAMBÉM A NOSSA VIDA, TORNANDO-NOS INSTRUMENTOS DESTA MISERICÓRDIA, CANAIS ATRAVÉS DOS QUAIS ELE POSSA IRRIGAR A TERRA, GUARDAR A CRIAÇÃO INTEIRA E FAZER FLORIR A JUSTIÇA E A PAZ.
(PÁSCOA URBI ET ORBI MENSAGEM EM 31 DE MARÇO DE 2013)

6

O APÓSTOLO TOMÉ EXPERIMENTA PRECISAMENTE A MISERICÓRDIA DE DEUS, QUE TEM UM ROSTO CONCRETO: O DE JESUS, DE JESUS RESSUSCITADO. TOMÉ NÃO SE FIA NOS DEMAIS APÓSTOLOS, QUANDO LHE DIZEM: "VIMOS O SENHOR"; PARA ELE, NÃO É SUFICIENTE A PROMESSA DE JESUS QUE PREANUNCIARA: "AO TERCEIRO DIA RESSUSCITAREI". TOMÉ QUER VER, QUER METER A SUA MÃO NO SINAL DOS CRAVOS E NO PEITO. E QUAL É A REAÇÃO DE JESUS? A PACIÊNCIA: JESUS NÃO ABANDONA TOMÉ RELUTANTE NA SUA INCREDULIDADE; DÁ-LHE UMA SEMANA DE TEMPO, NÃO FECHA A PORTA, ESPERA. E TOMÉ ACABA POR RECONHECER A SUA PRÓPRIA POBREZA, A SUA POUCA FÉ. "MEU SENHOR E MEU DEUS": COM ESTA INVOCAÇÃO SIMPLES MAS CHEIA DE FÉ, RESPONDE À PACIÊNCIA DE JESUS. DEIXA-SE ENVOLVER PELA MISERICÓRDIA DIVINA, VÊ-A À SUA FRENTE, NAS FERIDAS DAS MÃOS E DOS PÉS, NO PEITO ABERTO, E READQUIRE A CONFIANÇA: É UM HOMEM NOVO, JÁ NÃO INCRÉDULO MAS CRENTE.
(HOMILIA NO DOMINGO DA DIVINA MISERICÓRDIA, 7 DE ABRIL, 2013)

7

SEMPRE ME CAUSA GRANDE IMPRESSÃO A LEITURA DA PARÁBOLA DO PAI MISERICORDIOSO; IMPRESSIONA-ME PELA GRANDE ESPERANÇA QUE SEMPRE ME DÁ. [...] O PAI, COM PACIÊNCIA E AMOR, COM ESPERANÇA E MISERICÓRDIA, NÃO TINHA CESSADO UM INSTANTE SEQUER DE PENSAR NELE [SEU FILHO REBELDE], E LOGO QUE O VÊ, AINDA LONGE, CORRE AO SEU ENCONTRO E ABRAÇA-O COM TERNURA — A TERNURA DE DEUS —, SEM UMA PALAVRA DE CENSURA, DE REPROVAÇÃO. DEUS SEMPRE ESPERA POR NÓS, NÃO SE CANSA. JESUS MOSTRA-NOS ESTA PACIÊNCIA MISERICORDIOSA DE DEUS, PARA SEMPRE REENCONTRARMOS CONFIANÇA, ESPERANÇA!"
(HOMILIA NO DOMINGO DA DIVINA MISERICÓRDIA, EM 7 DE ABRIL DE 2013)

8

A PACIÊNCIA DE DEUS TEM DE SUSCITAR EM NÓS A CORAGEM DE VOLTAR A ELE. NO ENTANTO, MUITOS ERROS E PECADOS PODE HAVER EM NOSSA VIDA. [...] É ALI, NAS FERIDAS DE JESUS, QUE ESTAMOS VERDADEIRAMENTE SEGUROS; LÁ QUE ENCONTRAMOS O AMOR INFINITO DE SEU CORAÇÃO. TOMÉ ENTENDEU ISSO. SÃO BERNARDO INTERROGA-SE: 'MAS COM QUE PODEREI CONTAR? COM OS MEUS MÉRITOS?' TODO "O MEU MÉRITO ESTÁ NA MISERICÓRDIA DO SENHOR. NUNCA SEREI POBRE DE MÉRITOS, ENQUANTO ELE FOR RICO DE MISERICÓRDIA; SE SÃO ABUNDANTES AS MISERICÓRDIAS DO SENHOR, TAMBÉM SÃO MUITOS OS MEUS MÉRITOS.' (IBID., 5) IMPORTANTE É A CORAGEM DE ME ENTREGAR À MISERICÓRDIA DE JESUS, CONFIAR NA SUA PACIÊNCIA, REFUGIAR-ME SEMPRE NAS FERIDAS DO SEU AMOR."
(HOMILIA NO DOMINGO DA DIVINA MISERICÓRDIA, EM 7 DE ABRIL DE 2013)

9

GRAÇAS A JESUS, DEUS ESQUECE OS SEUS MUITOS PECADOS, NÃO OS RECORDA MAIS (CF. IS 43, 25). PORQUE TAMBÉM ISTO É VERDADE: QUANDO DEUS PERDOA, ESQUECE. É GRANDE O PERDÃO DE DEUS! AGORA, PARA ELA, COMEÇA UMA NOVA FASE; RENASCEU NO AMOR E NUMA VIDA NOVA. A CHAMADA DE JESUS LEVA CADA UM DE NÓS A NUNCA SE DETER NA SUPERFÍCIE DAS COISAS, SOBRETUDO QUANDO ESTAMOS DIANTE DE UMA PESSOA. SOMOS CHAMADOS A OLHAR PARA ALÉM, A **FIXAR O CORAÇÃO** PARA VER DE QUANTA GENEROSIDADE CADA UM É CAPAZ. NINGUÉM PODE SER EXCLUÍDO DA MISERICÓRDIA DE DEUS; TODOS CONHECEM O CAMINHO PARA ACEDER A ELA E A IGREJA É **A CASA QUE ACOLHE TODOS E NÃO REJEITA NINGUÉM**. AS SUAS PORTAS PERMANECEM ABERTAS, PARA QUE TANTOS QUE SÃO TOCADOS PELA GRAÇA POSSAM ENCONTRAR A CERTEZA DO PERDÃO. QUANTO MAIOR FOR O PECADO, MAIOR DEVE SER O AMOR QUE A IGREJA MANIFESTA EM RELAÇÃO ÀQUELES QUE SE CONVERTEM."

(CELEBRAÇÃO PENITENCIAL, EM 13 DE MARÇO DE 2015)

10

JESUS CRISTO É O ROSTO DA MISERICÓRDIA DO PAI. O MISTÉRIO DA FÉ CRISTÃ PARECE ENCONTRAR NESTAS PALAVRAS A SUA SÍNTESE. TAL MISERICÓRDIA TORNOU-SE VIVA, VISÍVEL E ATINGIU O SEU CLÍMAX EM JESUS DE NAZARÉ. O PAI, 'RICO EM MISERICÓRDIA' (CF. EF 2, 4), DEPOIS DE TER REVELADO O SEU NOME A MOISÉS COMO 'DEUS MISERICORDIOSO E CLEMENTE, PACIENTE, RICO EM BONDADE E FIEL' (EX 34, 6), NÃO CESSOU DE DAR A CONHECER, DE VÁRIOS MODOS E EM MUITOS MOMENTOS DA HISTÓRIA, A SUA NATUREZA DIVINA. NO 'TEMPO PREVISTO' (CF. GL 4, 4), QUANDO TUDO ESTAVA PRONTO SEGUNDO O SEU PLANO DE SALVAÇÃO, MANDOU O SEU FILHO, NASCIDO DA VIRGEM MARIA, PARA NOS REVELAR, DE MODO DEFINITIVO, O SEU AMOR. QUEM O VÊ, VÊ O PAI (CF. JO 14, 9). COM A SUA PALAVRA, OS SEUS GESTOS E TODA A SUA PESSOA, JESUS DE NAZARÉ REVELA A MISERICÓRDIA DE DEUS."

(BULA DE PROCLAMAÇÃO DO JUBILEU EXTRAORDINÁRIO DA MISERICÓRDIA MISERICORDIAEVULTUS, EM 11 DE ABRIL DE 2015)

O NOSSO DEUS É DEUS DE CONSOLOS

A palavra em grego para "consolo" é *paraklesis*. Significa exortação, conforto e encorajamento. A tensão de opostos, "tribulação e consolo", é superada pela ação de um Deus que é Pai e fonte de todo consolo autêntico: "Quando estou oprimido pela angústia, teu conforto me consola." (Sl 94, 19) Todo conforto vem de Deus; que é o Deus de conforto, de misericórdia e de amor. Como santo Agostinho escreveu: "Nosso coração está inquieto enquanto não encontrar seu descanso em Ti." Lendo essa passagem no contexto da vida de santo Agostinho, seu sentimento pode ser expresso com mais precisão: "Nossos corações e vontades são desconsolados até encontrar consolo em Ti."

Essa é uma oração simples, e o reconhecimento de um coração inquieto e de que já experimentou que não há consolo fora de Deus.

PARO PARA DIZER UMA SIMPLES ORAÇÃO AO SANTO ESPÍRITO:

"Querido Espírito Santo, por favor, venha sobre mim. Por favor, conceda-me a graça de Sua consolação, e o consolo de sua graça."

4 MANEIRAS
DO PAI DAS MISERICÓRDIAS CONSOLÁ-LO

1 PELO ESPÍRITO SANTO

ELE É CHAMADO "O CONSOLADOR".
ELE HABITA EM VOCÊ.

2 PELA FÉ

PORQUE DEUS DIZ QUE ELE É O DEUS DE CONFORTO, ENTÃO VOCÊ PRECISA ACREDITAR E AGIR SOBRE ELE; OU SEJA, VOCÊ PRECISA CONFIAR NELE E RECEBER A SUA CONFORTO COMO ELE FORNECE.

3 POR MEIO DE SUA PALAVRA

AS PALAVRAS DE DEUS SÃO BONITAS E SERVEM PARA A NOSSA INSTRUÇÃO E ENCORAJAMENTO.

4 PELOS IRMÃOS

DEUS USA O SEU POVO PARA CONSOLÁ-LO. QUANDO VOCÊ TEM UM PROBLEMA, O SENHOR MANDA ALGUÉM COM UMA PALAVRA DE ENCORAJAMENTO, UMA MÃO AMIGA, OU UM OMBRO PARA CHORAR.

SUBINDO...

9

NADA ESCONDEREI

NADA

ESTÁ OCULTO AOS OLHOS DE DEUS

"Não há criatura que possa ocultar-se diante dela. Tudo está nu e descoberto aos olhos daquele a quem devemos prestar contas." *(Hb 4, 13)*

VOCÊ QUER SE ESCONDER DE DEUS?

Todos nós sabemos que devemos buscar a Deus e conhecer a Sua presença a cada dia para nos ajudar a segui-lo e compreender os Seus caminhos para a nossa vida. Mas vamos ser honestos: há momentos em que queremos nos esconder de Deus.

BRINCANDO DE ESCONDE-ESCONDE COM DEUS?

Nada esconderei

"Filho, onde está você?" Era o grito de uma mãe desesperada em uma loja procurando seu filho perdido. Ele foi encontrado atrás do balcão de camisas. Crise resolvida. Mãe aliviada. Nas páginas da Bíblia, Deus chama persistentemente o homem: "Onde você está?"

Quando ouviram o ruído do Senhor Deus, que passeava pelo jardim à brisa da tarde, o homem e a mulher se esconderam do Senhor Deus no meio das árvores. Mas o Senhor Deus chamou o homem e perguntou: "Onde estás?" ***(Gn 3, 9)***

O cenário em que Deus procura o homem é calmo, pacífico; ele está passeando no jardim na brisa da tarde. No entanto, para Adão e Eva, o homem e a mulher, não havia paz; eles se escondiam entre as árvores para encobrir a sua vergonha, a sua nudez, a sua culpa, o seu pecado. No entanto, Deus os chama e persegue. Ele chama: "Onde estão vocês?" Para Deus não é desconhecido o paradeiro deles; o seu chamado é a primeira imagem de um Deus buscando o caído, os seres humanos pecadores, a fim de resgatá-los e restaurá-los.

O homem respondeu: "Ouvi teu ruído no jardim. Fiquei com medo, porque estava nu, e escondi-me." ***(Gn 3, 10)***

A resposta de Adão para Deus mostra o medo, o motivo de se esconder. Esta confissão contundente de Adão soa como muitas vezes vivemos até hoje. Nós nos escondemos atrás das árvores da negação, da ocupação, do status, da riqueza, do poder, da falsa intimidade, dos vícios, etc. Nada está oculto aos olhos de Deus, tudo está aberto e exposto, mas por meio de Cristo isso não é uma coisa assustadora. A Bíblia diz que Deus conhece e vê o coração. Ele conhece e compreende quem somos, ele sabe e entende também a verdade que precisamos ouvir para continuar a transformação da nossa alma.

HORA DE PARAR DE SE ESCONDER

A floresta está cheia de árvores e não é difícil encontrar uma para se esconder da busca de Deus. Ele o está buscando. É hora de sair de trás das árvores. Não há necessidade de ter medo e muito menos de se esconder. Deus o chama: Onde você está?

REFLEXÃO

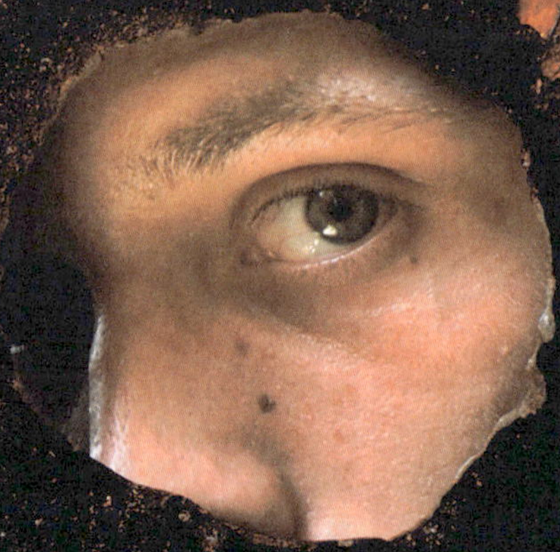

Você já se sentiu como se estivesse escondendo ou correndo de Deus? Em qual "árvore" você fez seu esconderijo?

A boa notícia em tudo isso é a experiência que temos de que Deus nos ama. Ele tem um empenho ativo sobre as nossas vidas e deseja que cresçamos e possamos nos desenvolver através do seu amor.

Salmo 103, 8-13

"O Senhor é misericordioso e compassivo, lento para a cólera e rico em bondade Não estará em demanda para sempre, e não dura eternamente sua ira. Não nos trata conforme nossos pecados, não nos castiga conforme nossas culpas. Pois quanto é alto o céu sobre a terra tanto prevalece sua bondade para com os que o temem. Quanto é distante o oriente do ocidente, tanto ele afasta de nós nossas culpas. Como um pai se compadece dos filhos, o Senhor se compadece dos que o temem".

Uma coisa que eu
percebi através da vida é
que Deus é muito paciente,
e igualmente amoroso e
compreensivo. Ele conhece
nossas verdades e nos ama
independentemente da maneira
em que nos encontramos. Ele
sabe que precisamos melhorar
e sua palavra é que vai nos
ajudar. Ele vem no momento
certo exatamente quando
precisamos ouvi-lo, seja por
meio de uma pregação na
Igreja ou de um amigo.

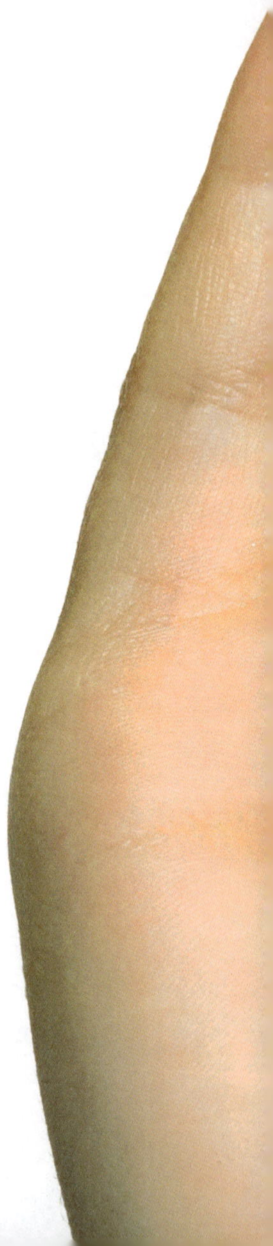

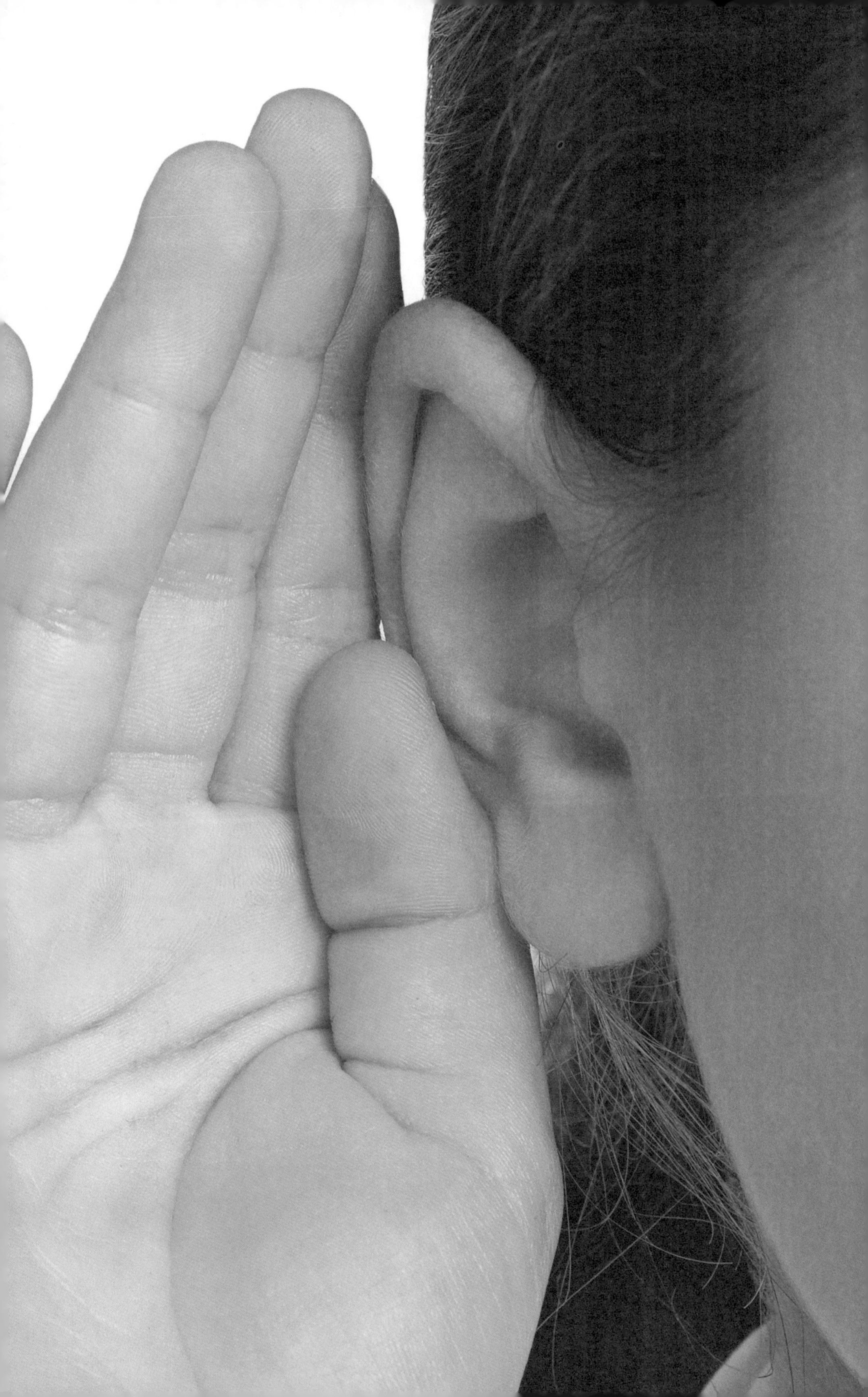

11 PALAVRAS

PARA NÃO MAIS DUVIDAR DE QUE DEUS O VÊ

1. 2 CRÔNICAS 16, 9: "O **OLHAR** DO SENHOR PERCORRE TODA A TERRA PARA AJUDAR OS QUE ESTÃO COM ELE DE CORAÇÃO SINCERO."
2. JÓ 26, 6: "O MUNDO DOS MORTOS ESTÁ **DESCOBERTO** DIANTE DELE; VÉU ALGUM ESCONDE A ELE O ABISMO."
3. SALMO 33, 13: "DO CÉU O SENHOR ESTÁ OLHANDO, ELE VÊ A **HUMANIDADE INTEIRA**."
4. SALMO 139, 4: "A PALAVRA AINDA NÃO ME CHEGOU À LÍNGUA E TU, SENHOR, JÁ A **CONHECES** TODA."
5. PROVÉRBIOS 5, 21: "DIANTE DO SENHOR ESTÃO OS CAMINHOS DO SER HUMANO, E ELE **OBSERVA** TODOS OS NOSSOS PASSOS."
6. PROVÉRBIOS 15, 3: "OS OLHOS DO SENHOR ESTÃO EM TODO PARTE, **OBSERVANDO** OS MAUS E OS BONS."
7. JEREMIAS 16, 17: "MEUS OLHOS ACOMPANHAM TODO O SEU CAMINHAR, ELES NÃO CONSEGUEM ESCONDER-SE DA MINHA PRESENÇA, NEM AOS MEUS OLHOS OCULTAR SEUS PECADOS."
8. JEREMIAS 23, 24: ""PODE ALGUÉM **OCULTAR**-SE EM ALGUM LUGAR ONDE EU NÃO POSSA VÊ-LO? – ORÁCULO DO SENHOR. ACASO NÃO SOU EU QUEM OCUPA TODO LUGAR TANTO NO CÉU, COMO NA TERRA? – ORÁCULO DO SENHOR."
9. JEREMIAS 29, 23: "POIS ELES FIZERAM UMA INDIGNIDADE EM ISRAEL, PRATICARAM ADULTÉRIO COM AS ESPOSAS DOS AMIGOS, ALÉM DE ANUNCIAR MENTIRAS EM MEU NOME, QUANDO EU NÃO **MANDEI NINGUÉM**. EU MESMO SEI E SOU TESTEMUNHA — ORÁCULO DO SENHOR."
10. DANIEL 2, 22: "É ELE QUEM **REVELA** O QUE EXISTE DE PROFUNDO E TAMBÉM O ESCONDIDO. É ELE QUEM SABE O QUE EXISTE NO ESCURO. COM ELE MORA A LUZ."
11. MATEUS 6, 4: "DE MODO QUE TUA ESMOLA FIQUE ESCONDIDA. E O TEU PAI, QUE VÊ NO ESCONDIDO, TE DARÁ A **RECOMPENSA**."

APRENDA A SE VER
COMO DEUS O VÊ
COMO VOCÊ SE VÊ?
QUE PENSAMENTOS TEM
SOBRE SI MESMO?
1. ALIMENTA A SUA AUTOESTIMA A PARTIR DE COMO OS OUTROS O VEEM E A PARTIR DAS SUAS CONQUISTAS?
2. DEFINE O SEU VALOR COM BASE EM SUAS CONCLUSÕES?
3. SENTE VERGONHA DO SEU PASSADO?
4. ESTABELECE NORMAS IRREAIS PARA SI MESMO?
PAUSA PARA PENSAR...
MAS NÃO TEM QUE SER DESSA MANEIRA...
HORA DE NOS VERMOS
COMO DEUS NOS VÊ!

COMO É QUE DEUS O VÊ?

"Bendito seja Deus, o Pai de nosso Senhor Jesus Cristo. Em sua grande misericórdia, pela ressurreição de Jesus Cristo dentre os mortos, ele nos fez nascer de novo para uma esperança viva, para uma herança que não se desfaz, não se estraga nem murcha, e que é reservada para vós nos céus." *(1 Pd 1, 3-4)*. Nossa identidade é encontrada em Jesus Cristo. Ela está enraizada na misericórdia-liberdade dada a nós por Ele. A nossa identidade é a de filho de Deus e co-herdeiro de Jesus Cristo. A nossa herança espiritual é a esperança de passar toda a eternidade desfrutando da comunhão com Deus. Essa é a verdade que nos dá o amor incondicional, a intimidade, a segurança e a esperança. E não tem sua base a partir de nós, mas no que Deus já realizou na cruz de Jesus Cristo.

15 VERSÍCULOS DA BÍBLIA
QUE REVELAM SUA VERDADEIRA IDENTIDADE

1. **EU SOU UMA NOVA CRIATURA NELE!**
"PORTANTO, SE ALGUÉM ESTÁ EM CRISTO, É CRIATURA NOVA. O QUE ERA ANTIGO PASSOU, AGORA TUDO É NOVO." (2 CO 5, 17)

2. **EU SOU RECONCILIADO EM CRISTO!**
"TUDO VEM DE DEUS, QUE, POR CRISTO, NOS RECONCILIOU CONSIGO E NOS CONFIOU O MINISTÉRIO DA RECONCILIAÇÃO. SIM, FOI O PRÓPRIO DEUS QUE, EM CRISTO, RECONCILIOU O MUNDO CONSIGO, NÃO LEVANDO EM CONTA OS DELITOS DA HUMANIDADE, E FOI ELE QUE PÔS EM NÓS A PALAVRA DA RECONCILIAÇÃO" (2 CO 5, 18-19)

3. **EU SOU JUSTO E SANTO.**
"VESTIR-VOS DO HOMEM NOVO, CRIADO À IMAGEM DE DEUS, NA VERDADEIRA JUSTIÇA E SANTIDADE." (EF 4,24)

4. **EU NASCI DE NOVO PELO ESPÍRITO SANTO.**
"JESUS RESPONDEU: 'EM VERDADE, TE DIGO: SE ALGUÉM NÃO NASCER DA ÁGUA E DO ESPÍRITO, NÃO PODERÁ ENTRAR NO REINO DE DEUS. O QUE NASCEU DA CARNE É CARNE; O QUE NASCEU DO ESPÍRITO É ESPÍRITO.'" (JO 3, 5-6)

5. **EU SOU SALVO PELA GRAÇA, NÃO POR CAUSA DOS MEUS MÉRITOS.**
"É PELA GRAÇA QUE FOSTES SALVOS, MEDIANTE A FÉ. E ISSO NÃO VEM DE VÓS: É DOM DE DEUS." (EF 2, 8)"

6. **EU SOU FILHO DA LUZ.**
"VÓS TODOS SOIS FILHOS DA LUZ E FILHOS DO DIA. NÃO SOMOS DA NOITE NEM DAS TREVAS." (1TS 5, 5)

7. **EU TRANSMITO LUZ PARA O MUNDO.**
"VÓS SOIS A LUZ DO MUNDO. UMA CIDADE CONSTRUÍDA SOBRE A MONTANHA NÃO FICA ESCONDIDA." (MT 5,14)

8. **EU SOU SAL DA TERRA.**
"VÓS SOIS O SAL DA TERRA" "(MT 5, 13)

9. **EU SOU UM RESERVATÓRIO DE LUZ DIVINA.**
"COM EFEITO, DEUS, QUE DISSE: "DO MEIO DAS TREVAS BRILHE A LUZ", É O MESMO QUE FEZ BRILHAR A LUZ EM NOSSOS CORAÇÕES, PARA QUE RESPLANDEÇA O CONHECIMENTO DA GLÓRIA DIVINA QUE ESTÁ SOBRE A FACE DE JESUS CRISTO." (2 CO 4, 6)

10. **EU TENHO UMA VOCAÇÃO QUE VEM DO CÉU.**
"POR ISSO, IRMÃOS SANTOS, PARTICIPANTES DA VOCAÇÃO QUE VEM DO CÉU, FIXAI BEM A MENTE EM JESUS, O APÓSTOLO E SUMO SACERDOTE DA FÉ QUE PROFESSAMOS." (HB 3, 1)

11. **EU SOU PARTE DO POVO SEPARADO DE DEUS.**
"MAS VÓS SOIS A GENTE ESCOLHIDA, O SACERDÓCIO RÉGIO, A NAÇÃO SANTA, O POVO QUE ELE ADQUIRIU, A FIM DE QUE PROCLAMEIS OS GRANDES FEITOS DAQUELE QUE VOS CHAMOU DAS TREVAS PARA A SUA LUZ MARAVILHOSA." (1PD 2, 9)

12. **EU ESTOU PROJETADO PARA AS BOAS OBRAS.**
"POIS FOI DEUS QUE NOS FEZ, CRIANDO-NOS NO CRISTO JESUS, EM VISTA DAS BOAS OBRAS QUE PREPAROU DE ANTEMÃO, PARA QUE NÓS AS PRATIQUEMOS" (EF 2, 10)

13. **EU SOU CO-HERDEIRO EM CRISTO.**
"E, SE SOMOS FILHOS, SOMOS TAMBÉM HERDEIROS: HERDEIROS DE DEUS E CO-HERDEIROS DE CRISTO, SE, DE FATO, SOFREMOS COM ELE, PARA SERMOS TAMBÉM GLORIFICADOS COM ELE." (RM 8, 17)

14. **EU SOU ESCOLHIO E CHAMADO POR DEUS PARA PRODUZIR FRUTOS.**
"NÃO FOSTES VÓS QUE ME ESCOLHESTES; FUI EU QUE VOS ESCOLHI E VOS DESIGNEI, PARA DARDES FRUTO E PARA QUE O VOSSO FRUTO PERMANEÇA." (JO 15, 16)

15. **EU SOU UM VENCEDOR.**
"MAS, EM TUDO ISSO, SOMOS MAIS QUE VENCEDORES, GRAÇAS ÀQUELE QUE NOS AMOU" (RM 8, 37)

ORE...

EU LHE AGRADEÇO, JESUS, POR ME FAZER ÚNICO, SINGULAR E ESPECIAL.
NINGUÉM NO MUNDO É EXATAMENTE COMO EU.

ESTOU FELIZ COM A MANEIRA QUE ME FEZ.
ESTOU SEMPRE ADMIRADO COM MINHAS CARACTERÍSTICAS, QUE SÃO ÚNICAS. FUI CRIADO À SUA IMAGEM...

SOU GRATO POR SER VISTO POR TI COMO SENDO MUITO BOM.
EU SOU GRATO POR ESTAR CONTIGO.

OBRIGADO, SENHOR, POR ME TORNAR UM DOS SEUS ESCOLHIDOS.
CONTIGO A MINHA VIDA TEM UM PROPÓSITO E UM SIGNIFICADO.

SENHOR, EU CONFIO EM TI EM TODOS OS MOMENTOS DA MINHA VIDA.
ESTOU CONFIANTE. ESTOU ME SENTINDO BEM COMIGO MESMO.

JESUS, O SENHOR É MAIOR DO QUE QUALQUER OBSTÁCULO QUE ENFRENTAMOS.
E NOS DESTINA A SERMOS VENCEDORES! CONTIGO SOMOS MAIS QUE VENCEDORES!

EU SOU OBRA DO PAI.
ESTOU PROJETADO PARA AS GRANDES COISAS!

OBRIGADO, SENHOR, PELOS DONS, TALENTOS E QUALIDADES QUE ESTÃO EM MIM.

SUAS MÃOS ME FIZERAM E ME FORMARAM.
EU SOU FEITO PARA SER EXCEPCIONAL.

AGRADEÇO POR SER CONSIDERADO UM TESOURO PARA TI.
EU SOU MUITO VALIOSO.

CONTIGO, SENHOR, TODAS AS COISAS SÃO POSSÍVEIS.
MINHA VIDA SERÁ O QUE O SENHOR PENSOU E SONHOU PARA MIM.

EU SOU UM MILAGRE.
EU NASCI PARA SER UMA PESSOA REALIZADA.

EU SOU PARTE DE UMA GERAÇÃO ELEITA.
O SENHOR ME CHAMOU DAS TREVAS PARA A SUA MARAVILHOSA LUZ. EU SOU CHAMADO PARA SER LUZ NO MUNDO.

ASSIM COMO EU SOU, SOU AMADO.
O SENHOR ME AMA COM UM AMOR ETERNO. OBRIGADO, JESUS, POR FAZER A MINHA VIDA CHEIA DE GRAÇAS E BÊNÇÃOS.

PARA A CURA DA NOSSA AUTOIMAGEM, SE PRECISO FOR, RETOMEMOS AOS "QUINZE VERSÍCULOS DA BÍBLIA QUE REVELAM SUA VERDADEIRA IDENTIDADE" E FAÇAMOS AS ORAÇÕES ANTERIORES QUANTAS VEZES FOR PRECISO.

SUBINDO...

10

O MELHOR VIRÁ

Não desisto de ser feliz
Minha luta não terminou
No final da tudo certo, eu sei
Se não deu, é porque não acabou

Vale a pena continuar
No caminho que Deus traçou
Minha fé vai me levar além!
Até aqui, Deus me ajudou.

O melhor virá!
Não importa quanto demorar... o melhor virá!
O que eu preciso, do Senhor virá.
O melhor virá!
Não importa quanto demorar!
Então, melhor agir e olhar, pois não acabou: o melhor virá!

Toda a porta que senhor abrir, ninguém fechará!
Tenho a certeza que, de Deus, o melhor virá!

#O MELHOR VIRÁ

Música: Joe Alvarenga /
/ Isaac Praça / Filipi Aguiar

NÃO SE CONTENTE COM MENOS
RECEBA O MELHOR DE DEUS

NA FÉ, ESPERE O MELHOR DE DEUS

"Quando com minha voz eu invoquei o Senhor, ele me respondeu do seu santo monte. Eis que me deito e durmo, e me acordo, pois o Senhor me sustenta."
(Sl 3, 5-6)

OLHANDO **MAIS...**

Alguma vez você já esperou por algo tão demorado que, quando realmente aconteceu, não foi tão animador como você esperava?

Alguma vez você já teve um sonho tão realista que quando acordou estava desapontado ao descobrir que não era a vida real?

Alguma vez desejou que um evento chegasse com mais rapidez, mas, quando o grande dia chegou, não correspondeu as suas expectativas?

Alguma vez você já desejou abrir um presente e, depois que o fez, sentiu-se desanimado?

Essas experiências podem ser muito frustrantes. Nós não queremos que as nossas expectativas nos frustrem, e, se não formos cuidadosos, podemos viver em um mundo de fantasias que poderão nunca se realizar. Por outro lado, os planos de Deus para nós podem ser muito além do que imaginamos. O profeta Isaías disse estas palavras: "Nunca tínhamos ouvido falar, jamais chegou-nos aos ouvidos, olho algum jamais viu deus igual a ti, que tanto faça por aqueles que nele esperam." *(Is 64, 3)*

DINÂMICA DE FÉ

Você colocou sua vida e seu futuro completamente nas mãos de Deus? Com as palmas das mãos abertas e viradas para o chão, diga a Deus que deseja abandonar seus desejos pessoais. Em seguida, vire as palmas das mãos para cima, na direção do céu, e diga a Seu Deus e Pai que você entrega hoje, agora, o seu futuro, a sua vontade e toda a sua vida para Ele. E será uma oração tremenda, que Deus certamente honrará.

O Plano

Nós podemos fazer muitas coisas sem Deus, mas apenas na vontade Dele podemos encontrar a verdadeira fidelidade, contentamento, satisfação. Deus já projetou para a sua vida esse plano maravilhoso, que contém o melhor propósito, realização, alegria e novas lições. "Confia no Senhor de todo o teu coração e não te apóies na tua própria prudência: pensa nele em todos os teus caminhos, e ele conduzirá teus passos." *(Pv 3, 5)*

A VONTADE **DE DEUS** É O MELHOR PLANO POSSÍVEL

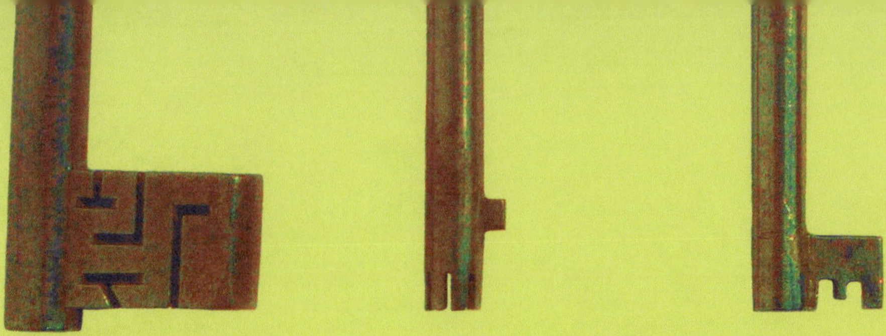

7 CHAVES
PARA CONHECER A VONTADE E OS PLANOS DE DEUS

ANDE COM DEUS

PROVÉRBIOS 3, 5-6
"CONFIA NO SENHOR DE TODO O TEU CORAÇÃO E NÃO SE APOIES NA TUA PRÓPRIA PRUDÊNCIA;PENSA NELE EM TODOS OS TEUS CAMINHOS, E ELE CONDUZIRÁ TEUS PASSOS."

ENTREGUE A SUA VONTADE À VONTADE DE DEUS

ROMANOS 12, 1-2
"EU VOS EXORTO, IRMÃOS, PELA MISERICÓRDIA DE DEUS, A OFERECERDES VOSSOS CORPOS EM SACRIFÍCIO VIVO, SANTO E AGRADÁVEL A DEUS: ESTE É O VOSSO VERDADEIRO CULTO. NÃO VOS CONFORMEIS COM ESTE MUNDO, MAS TRANSFORMAI-VOS, RENOVANDO VOSSA MANEIRA DE PENSAR E JULGAR, PARA QUE POSSAIS DISTINGUIR O QUE É DA VONTADE DE DEUS, A SABER, O QUE É BOM, O QUE LHE AGRADA, O QUE É PERFEITO."

BUSQUE A CONTRIBUIÇÃO DA DIREÇÃO ESPIRITUAL

PROVÉRBIOS 11, 14
"ONDE NÃO HÁ DIRETIVAS, O POVO SE ARRUÍNA; A SALVAÇÃO SE DÁ NO AMPLO ACONSELHAMENTO."

PRESTE ATENÇÃO NO DOM QUE DEUS LHE DEU

1 PEDRO 4, 10
"'COMO BONS ADMINISTRADORES DA MULTIFORME GRAÇA DE DEUS, CADA UM COLOQUE À DISPOSIÇÃO DOS OUTROS O DOM QUE RECEBEU."

OUÇA A VOZ DE DEUS

JOÃO 10, 27
"AS MINHAS OVELHAS ESCUTAM A MINHA VOZ, EU AS CONHEÇO E ELAS ME SEGUEM."

OUÇA SEU CORAÇÃO

SALMOS 37, 4-5
"PÕE NO SENHOR TUAS DELÍCIAS E ELE TE DARÁ O QUE TEU CORAÇÃO PEDE. ENTREGA AO SENHOR O TEU FUTURO, ESPERA NELE, QUE ELE VAI AGIR."

AVALIE SUAS CIRCUSTÂNCIAS

ATOS 16, 6-10
"PAULO E TIMÓTEO ATRAVESSARAM A FRIGIA E A REGIÃO DA GALÁCIA, POIS O ESPÍRITO SANTO OS HAVIA IMPEDIDO DE PROCLAMAR A PALAVRA NA ÁSIA. CHEGANDO PERTO DA MÍSIA, TENTARAM ENTRAR NA BITÍNIA, MAS O ESPÍRITO DE JESUS OS IMPEDIU. ENTÃO ATRAVESSARAM A MÍSIA E DESCERAM PARA TRÔADE. DURANTE A NOITE, PAULO TEVE UMA VISÃO: NA SUA FRENTE ESTAVA, DE PÉ, UM MACEDÔNIO QUE LHE SUPLICAVA: 'VEM PARA A MACEDÔNIA E AJUDA-NOS!' DEPOIS DESSA VISÃO, PROCURAMOS PARTIR IMEDIATAMENTE PARA A MACEDÔNIA, POIS ESTÁVAMOS CONVENCIDOS DE QUE DEUS ACABAVA DE NOS CHAMAR PARA ANUNCIAR-LHES A BOA-NOVA."

O MELHOR VIRÁ

"Sei muito bem do projeto que tenho em relação a vós – oráculo do SENHOR! É um projeto de felicidade, não de sofrimento: dar vos um futuro, uma esperança!" ***(Jr 29, 11)***

As coisas ainda podem parecer caóticas, fora de controle, assustadoras, muito dolorosas. Mas, em meio ao sofrimento e à dor, podemos encontrar esperança e coragem para seguir em frente. Não estamos sozinhos: "Ensinai-lhes a observar tudo o que vos tenho ordenado. Eis que estou convosco todos os dias, até o fim dos tempos." *(Mt 28, 20)* Deus está conosco e sempre se preocupa com o que está acontecendo em nossa vida. Além disso, ele entende nossos penares. A Bíblia diz: "Por isso devia fazer-se em tudo semelhante aos irmãos, para se tornar um sumo sacerdote misericordioso e digno de confiança nas coisas que concernem a Deus, a fim de expiar os pecados do povo. Pois, tendo ele próprio sofrido ao ser tentado, é capaz de socorrer os que agora sofrem a tentação." *(Hb 2, 17-18)* Deus cuida de nós: "Os olhos de todos em ti esperam e tu lhes forneces o alimento na hora certa." *(Sl 145, 15)* E definitivamente tem a "última palavra": "Eu anuncio lá no começo o que virá por último, lá na origem, o que ainda não foi feito. Eu digo: 'O meu projeto fica de pé, vou realizar tudo o que desejo.'" *(Is 46,10)*

Temos que entender melhor como Deus cuida de nós, como ele trabalha em nosso favor...

11 PALAVRAS

PARA VERMOS QUE DEUS TRABALHA POR NÓS

1 "NUNCA TÍNHAMOS OUVIDO FALAR, JAMAIS CHEGOU-NOS AOS OUVIDOS, OLHO ALGUM JAMAIS VIU DEUS IGUAL A TI, QUE TANTO FAÇA POR AQUELES QUE NELE ESPERAM." (IS 64, 3)

2 "TAMBÉM NÃO É SERVIDO POR MÃOS HUMANAS, COMO SE PRECISASSE DE ALGUMA COISA; POIS É ELE QUE DÁ A TODOS VIDA, RESPIRAÇÃO E TUDO MAIS." (AT 17, 25)

3 "O FILHO DO HOMEM NÃO VEIO PARA SER SERVIDO, MAS PARA SERVIR E DAR A SUA VIDA EM RESGATE POR MUITOS." (MC 10, 45)

4 "O OLHAR DO SENHOR PERCORRE TODA A TERRA PARA AJUDAR OS QUE ESTÃO COM ELE DE CORAÇÃO SINCERO." (2 CR 16, 9)

5 "SE EU TIVESSE FOME, NÃO IRIA FALAR CONTIGO, POIS É MEU TODO O UNIVERSO E O QUE NELE EXISTE." (SL 50, 12)

6 "JÁ NA IDADE ADULTA, CONTINUO EU E NA VELHICE EU MESMO SUSTENTAREI, FUI EU QUEM FEZ, EU MESMO HEI DE LEVAR, EU MESMO HEI DE CARREGAR E HEI DE LIVRAR." (IS 46, 4)

7 "A PROVA É QUE TENHO TRABALHADO MAIS QUE TODOS ELES, NÃO PROPRIAMENTE EU, MAS A GRAÇA DE DEUS COMIGO." (1 CO 15, 10)

8 "SE O SENHOR NÃO CONSTRUIR A CASA, É INÚTIL O CANSAÇO DOS PEDREIROS." (SL 127, 1)

9 "SE ALGUÉM TEM O DOM DO SERVIÇO, EXERÇA-O COMO CAPACIDADE PROPORCIONADA POR DEUS, A FIM DE QUE, EM TODAS AS COISAS, DEUS SEJA GLORIFICADO." (1PD 4,11)

10 "PORTANTO, MEUS QUERIDOS, COMO SEMPRE FOSTES OBEDIENTES, NÃO SÓ EM MINHA PRESENÇA, MAS MUITO MAIS AGORA EM MINHA AUSÊNCIA, REALIZAI A VOSSA SALVAÇÃO, COM TEMOR E TREMOR. NA VERDADE, É DEUS QUE PRODUZ EM VÓS TANTO O QUERER COMO O FAZER, CONFORME O SEU AGRADO." (FP 2, 12-13)

11 "EU PLANTEI, APOLO REGOU, MAS ERA DEUS QUE FAZIA CRESCER." (1 CO 3,6)

Quando dizemos que confiamos em Deus para cuidar de nossas necessidades, nosso caminho, nossa família e tudo mais, não devemos necessariamente esperar que tudo aconteça ser como esperamos. Isso significa que algo que vemos como uma "necessidade" pode não ser atendida de imediato, ou nem mesmo ser atendida. Tudo tem o seu tempo e Deus sabe o que é melhor para nós.

Permita-me dar um exemplo: acabamos de beber a última caixa de leite. Não temos dinheiro para comprar outro. Pode ser que passemos um ou mais dias sem leite. Será que isso significa que Deus não está atendendo as nossas necessidades? Não, Ele ainda está no controle.

Se enfrentamos uma enfermidade grave e não encontramos o tratamento necessário, será que isso significa que Deus não está cuidando de nossas necessidades? Também não. Ele ainda está no controle. Só porque passamos por problemas, às vezes, não quer dizer que Deus se esqueceu de que temos necessidades. Santa Terezinha do Menino Jesus disse diante de uma dificuldade: "'Buscai em primeiro lugar o Reino de Deus e a sua justiça, e todas essas coisas vos serão dadas por acréscimo.'" *(Mt 6, 33)* Com efeito, a minha esperança nunca foi desiludida".

Na realidade, Deus está no controle de todas as situações em nossa vida, desde antes de nascemos até além da nossa morte. Cada uma de nossas experiências, boas ou más, podem servir para nosso crescimento espiritual. É para isso que Deus quer trabalhar nas nossas vidas. Ele sabe de todos os desdobramos que ocorrem em nossos dias, mesmo os mais íntimos. Deus tem um amor imensurável e infinito por nós. Mas são muitas as coisas que querem nos desviar desse amor. Somos desgastados pelas dificuldades e nos amarguramos em vez de acreditar que Deus nos ajudaria a vencer os tempos difíceis e que, no final, tudo daria certo. Diante dessa constatação, a imagem de seguir ou andar por um caminho se torna muito importante para a nossa reflexão.

CONHECE A HISTÓRIA DE **HENOC?**

"Henoc tinha sessenta e cinco anos quando gerou Matusalém. Depois de gerar Matusalém, Henoc andou com Deus trezentos anos e gerou filhos e filhas. Ao todo, Henoc viveu trezentos e sessenta e cinco anos. Como Henoc andasse com Deus, desapareceu, pois Deus o havia arrebatado." ***(Gn 5, 21-24)***

Será que estamos no caminho de Deus? O que significa andar com Deus? Para responder a essas perguntas, vamos conhecer Henoc, aquele que andou com Deus. Ele viveu em anos o que um ano tem em dias, 365, o que simboliza um número perfeito. Por essa sua vida fez longas caminhadas com Deus até o momento que Ele disse: "É muito longe para voltar, vem para casa comigo." E Henoc foi arrebatado. Aqui está um homem que, no meio de uma geração brilhante, mas sem Deus, andava com Deus, conheceu o Seu caminho.

Henoc não andou com Deus literalmente. Essa é, sem dúvida, uma expressão figurativa.

• Isso significa que ele foi à mesma direção que Deus. Ele estava se movendo da maneira como Deus se movia. Deus está sempre se movendo na história humana. A pessoa que caminha com Ele é uma pessoa que sabe o caminho pelo qual Deus vai e o acompanha da mesma forma."

VERSÍCULOS-CHAVE SOBRE HENOC

GÊNESIS 5, 22-23

DEPOIS DE GERAR MATUSALÉM, HENOC ANDOU COM DEUS TREZENTOS ANOS E GEROU FILHOS E FILHAS. AO TODO, HENOC VIVEU TREZENTOS E SESSENTA E CINCO ANOS.

GÊNESIS 5, 24

COMO HENOC ANDASSE COM DEUS, DESAPARECEU, POIS DEUS O HAVIA ARREBATADO.

HEBREUS 11, 5

PELA FÉ, HENOC FOI LEVADO SEM PASSAR PELA MORTE; NÃO MAIS FOI ENCONTRADO, PORQUE DEUS O LEVOU. ANTES DE SER LEVADO, PORÉM, RECEBEU O TESTEMUNHO DE QUE FOI AGRADÁVEL A DEUS.

- “Não houve controvérsias entre Deus e Henoc. Eles estavam de acordo. “Duas pessoas andam juntas, sem terem antes combinado?” *(Am 3, 3)* E é assim que deve ser. Não deve haver nenhuma controvérsia entre nós e Deus, se vamos andar com Ele. E que mudança isso faz em nossas vidas!

- O homem ou a mulher que anda no caminho de Deus é aquele ou aquela que vive à beira de uma queda. Essa é uma vida de aventura. Isso significa que estamos contando com Deus para nos manter estáveis. Isso é o que uma caminhada com Deus envolve. É sempre uma caminhada de aventura. Nunca estamos contentes em permanecer em um estado de calma, sem fazer nada, esperando, desfrutando de nós mesmos. Estamos sempre nos movendo no mesmo ritmo de Deus.

A Bíblia deixa claro que o nosso Deus deseja ardentemente nos ajudar a receber o melhor para nossas vidas. Mas também revela que precisamos cooperar com Ele nesse processo. “Qual é o homem que teme ao Senhor? Indica-lhe o caminho a seguir.” *(Sl 25,12)* Apesar dos obstáculos diários que enfrentamos, vale a pena continuar no caminho que Deus traçou. Nossa fé vai nos levar muito além do que imaginamos. Como Henoc, andemos com Deus e tenhamos sempre amizade com Ele. Até aqui Ele nos ajudou. O melhor virá, não importa o quanto demorar.

RESUMO DA HISTÓRIA

REALIZAÇÕES DE HENOC:

FOI UM FIEL
SEGUIDOR DE DEUS.
ELE DISSE A VERDADE,
APESAR DA OPOSIÇÃO.

FORÇAS DE HENOC:

- FIEL A DEUS.
- VERDADEIRO.
- OBEDIENTE.

LIÇÕES DE VIDA DE HENOC:

ELE ANDOU COM DEUS POR MAIS DE TREZENTOS ANOS. NÃO OUVIMOS FALAR DE NENHUM “DESVIO” QUE ELE TENHA TOMADO EM SUA CAMINHADA. NÃO LEMOS EM NENHUMA PARTE QUE TENHA DESAGRADADO A DEUS. O QUE MARCA A SUA VIDA NAS ESCRITURAS É QUE ELE ANDOU COM DEUS E ERA AGRADÁVEL A ELE. QUE SEJA UM EXEMPLO PARA NÓS E NOS ENSINE A ANDAR COM DEUS POR TODA A NOSSA VIDA.

APLICAÇÃO NA VIDA

Precisamos enxergar o nosso tempo a sós com Deus como um compromisso a ser mantido em nossa agenda diária. Precisamos ser menos propensos à dispersão. Não há tempo "certo" ou "errado" do dia. Se preferirmos fazer nossas devoções de manhã, ou se a pausa para o almoço se encaixa melhor, ou ainda o período da noite, não importa, mas é necessário que seja o momento menos provável do dia para sermos interrompidos por algo ou por alguém. Qualquer hora do dia que escolhermos para nos colocar na presença de Deus e lhe confiar o controle de tudo será a melhor hora.

Andemos com Deus!

DEVOCIONAL

Quando estou cheio de preocupações...

Ainda embrião, teus olhos me viram e tudo estava escrito no teu livro; meus dias estavam marcados antes que chegasse o primeiro *(Sl 139, 16)*.

Confia no SENHOR de todo o teu coração e não te apoies na tua própria prudência: pensa nele em todos os teus caminhos, e ele conduzirá teus passos." *(Pv 3, 5-6)*.

SENHOR, bem sei que o ser humano não é dono do próprio caminho, que não pertence ao caminhante dirigir os próprios passos. *(Jr 10, 23)*.

Sabemos que tudo contribui para o bem daqueles que amam a Deus, daqueles que são chamados segundo o seu desígnio *(Rm 8, 28)*.

... eu faço uma oração.

QUERIDO SENHOR, POR FAVOR, AJUDA-NOS A LEMBRAR QUE NÃO IMPORTA O QUE ACONTEÇA, TU ESTÁS NO COMANDO E POR ISSO O MELHOR VIRÁ. TU SABES TUDO, E ESTARÁS SEMPRE JUNTO A NÓS PARA NOS AJUDAR, E TUDO SERÁ PARA O NOSSO BEM. AJUDA-NOS A CONFIAR MAIS EM TI, LEMBRANDO-NOS DE QUE NOS AMA MAIS DO QUE NOSSA PRÓPRIA FAMÍLIA E AMIGOS, E QUE NÃO PRECISAMOS NOS PREOCUPAR PORQUE ATÉ AQUI O SENHOR JÁ NOS AJUDOU. NO FINAL, TUDO DARÁ CERTO. CONCEDA-NOS TUA PAZ. AMÉM.

JESUS, EU CONFIO EM VÓS!

SUBINDO...

11

TENHO A SEGURANÇA DE UM LEÃO

O PROPÓSITO DE UM MURO

Muros servem para algumas finalidades: para cercar uma cidade, oferecendo proteção contra um inimigo; para nos ajudar a avistar o perigo em tempo de guerra; para separar áreas de uso diferentes, como as paredes separando os cômodos de uma casa. Há um entendimento amplo quando se considera um muro. Um muro funciona de acordo com a sua finalidade.

O **MURO** DE NEEMIAS

Como construiríamos um muro em torno de nossas vidas e família se nossas casas dependessem disso para viver bem? Se soubéssemos que o inimigo está nas proximidades e com a intenção de destruir as nossas famílias, como construiríamos um muro? O livro de Neemias descreve tal hora e tal muro. Deus não conservou essa história como mera história; Ele nos oferece como instrução, como uma lição para os nossos dias. Devemos nos atentar para a construção de um muro espiritual.

Neemias é copeiro do Rei, o imperador persa, um alto cargo de confiança e responsabilidade. Ele reage com espanto quando descobre que as muralhas de Jerusalém estão praticamente inexistentes, que a cidade está sem muros e sem prestígios (*cf.* Ne 1, 1-4). Por não existir muros, os judeus estavam permitindo que os costumes pagãos entrem em suas vidas. O mundanismo estava em toda parte. Os mesmos erros que causaram seus cativeiro e exílio estavam acontecendo de novo! Percebendo isso, Neemias recebe a permissão do rei para viajar para Judá para reconstruir seus muros (*cf.* Ne 2, 1-10).

Ele percebe que alguns resistem à ideia de ter um muro cercando tudo. Tais pessoas não veem perigo algum em viver sem proteção e até acreditam que algo de bom pode acontecer por estarem abertos para o mundo. Então, Neemias examina o estado do muro à noite, em segredo, enquanto prepara seus planos para reconstruí-lo (*cf.* Ne 2, 11-13). Os capítulos 3 e 4 do seu livro descrevem o processo de reconstrução dos muros, come suas dificuldades, sua demora, seus custos e as ameaças dos inimigos. Inevitavelmente, o desânimo se instala e a construção desacelera e se fica pela metade (*cf.* Ne 4, 6). Durante essa crise, Neemias concebe uma ideia para reacender o fervor dos judeus para a construção dos muros:

"Coloquei gente no espaço atrás do muro e nos pontos descobertos. Postei os homens do povo divididos por famílias, todos com espadas, lanças e arcos. Vendo que estavam com medo, fui e disse aos nobres, aos conselheiros e ao povo em geral: 'Não precisais ter medo deles. Lembrai-vos do Senhor, que é grande e temível, e lutai por vossos irmãos, vossos filhos, vossas filhas e vossas casas.' Quando os inimigos perceberam que tínhamos sido informados e que Deus lhes tinha estragado os planos, voltamos todos à muralha, cada um para sua tarefa. Mas desde aquele dia, metade dos homens trabalhava na construção e a outra metade, armada de lanças, escudos, arcos e armaduras, postava-se com os líderes atrás de toda a comunidade de Judá ocupada na reconstrução do muro. Os carregadores trabalhavam assim: com uma das mãos faziam o trabalho, com a outra seguravam a arma. Os construtores tinham cada qual a espada presa à cintura, enquanto trabalhavam. Eu tinha sempre a meu lado aquele que tocava a trombeta de alerta, e falei aos nobres, aos funcionários e ao povo em geral: 'A área da construção é grande e extensa e estamos muito dispersos por sobre a muralha, a grande distância uns dos outros. Quando ouvirdes soar a trombeta, a direção donde vier o som vos indicará o lugar onde devereis reunir-vos junto de nós. Nosso Deus vai lutar por nós.' Assim trabalhávamos desde a madrugada até aparecerem as estrelas, enquanto a metade dos homens empunhava a lança. Na mesma ocasião ordenei ao povo: 'Cada um com o ajudante deve pernoitar em Jerusalém; assim a noite será para a vigilância e o dia para o trabalho.' E nem eu, nem meus irmãos, nem meus ajudantes e nem meus guarda-costas, ninguém de nós tirava a roupa; cada qual ficava com a arma na mão direita." *(Ne 4, 7-17)*

Os muros foram concluídos depois de 52 dias, e, quando os inimigos e estrangeiros souberam, convenceram-se de que só Deus podia realizar tal obra.

O NOSSO MURO DE PROTEÇÃO

Assim como Neemias, precisamos fazer um levantamento da destruição da parede das nossas vidas. E o nosso trabalho agora é reconstruir essa parede de proteção. Começamos por restaurar a nossa relação com o nosso Grande Deus. Deus supre esse muro espiritual para aqueles que buscam seu caminho, sua providência e sua vontade. A obra de reconstrução do nosso muro pessoal é o esforço que colocamos na busca de um relacionamento forte com Deus, e Ele, em seguida, fornece as defesas para nós. Ele quer reconstruir com cada um de nós um muro espiritual ao nosso redor e ao redor de nossas casas. Nós nos sentiremos muito mais seguros. Um pátio da escola ao lado de uma avenida movimentada é um lugar perigoso sem um muro. No entanto, as crianças podem brincar de uma forma mais relaxada com a segurança que um muro fornece; elas sentem que estão seguras. Intuitivamente, elas sabem que seus pais e professores se importam com suas vidas. O mesmo vai acontecer conosco: todos nos sentiremos mais seguro sabendo e experimentando sempre mais que Deus está em nossas vidas, cercando-nos por todos os lados. *Deus se torna a nossa parede de Proteção.*

VAMOS CONSTRUIR!

8 DICAS PARA A CONSTRUÇÃO DO MURO ESPIRITUAL

1. DEVEMOS PROCURAR A VONTADE DE DEUS E O BEM DOS NOSSOS IRMÃOS.
2. É IMPORTANTE REZAR E PLANEJAR ANTES DE AGIR.
3. DEVEMOS ENTENDER OS PROBLEMAS ANTES DE PROPOR AS SOLUÇÕES.
4. O TRABALHO BEM-SUCEDIDO NO REINO DE DEUS DEPENDE DA NOSSA DISPOSIÇÃO E COOPERAÇÃO.
5. DEUS É MAIS FORTE DO QUE TODOS OS NOSSOS ADVERSÁRIOS. SE CONFIARMOS NELE, TEREMOS BOM ÊXITO NO TRABALHO.
6. DEVEMOS SER SERVOS HUMILDES – TODOS NÓS – DISPOSTOS E ATIVOS NO TRABALHO DE DEUS.
7. O SERVO DE DEUS VIVE PELA FÉ E REZA SEM CESSAR, MAS NÃO FOGE DA RESPONSABILIDADE DE CUMPRIR OS SEUS DEVERES.
8. DEIXEMOS DE LADO AS NOSSAS DESCULPAS. MÃOS À OBRA!

TENHO A SEGURANÇA
DE UM LEÃO
"O leão, o mais valente dos animais, que não tem medo de ninguém." Provérbios 30, 30

"A ti, Judá, teus irmãos renderão homenagem, tua mão pesará sobre a nuca de teus inimigos. Diante de ti se prostrarão os filhos de teu pai. Judá, filhote de leão! Voltaste, meu filho, da pilhagem. Agacha-se e deita-se, como leão e como leoa; quem o despertará?" *(Gn 49, 8-9)*

Temos um Salvador poderoso e potente. Seu nome é Jesus, mas Ele também é conhecido como o "Leão de Judá". Esse nome se origina no livro de Gênesis. O patriarca Jacó ("Israel") deu este símbolo para seu filho Judá e sua tribo em Gênesis 49, 9. Jesus é um descendente do rei Davi, que era da tribo de Judá. Leões são animais poderosos, com rugidos fortes, garras afiadas e dentes afiados, que, destemidos, perseguem e devoram suas presas. Eles não fugirão de qualquer inimigo. Em vez disso, sua presença irá intimidar e despertar medo. O leão tem o respeito de todos os animais, pois eles reconhecem o seu governo e autoridade. Jesus é todo-poderoso. Ele é poderoso para salvar e vai nos defender e proteger. Ele vai perseguir os nossos inimigos e intimidá-los, qualquer um que se atrever a desafiar a nosso posto. Embora possamos ser importunados pelo mal ou pelas tentações, Jesus estará ao nosso lado no instante em que invocarmos o Seu nome e pedirmos Sua ajuda. Com o Leão de Judá, podemos resistir ao diabo, e ele deve fugir *(Tg 4, 7)*.

Muitas referências ao leão na Bíblia são sobre sua voz poderosa. Seria para que os filhos de Deus pudessem ouvi-lo chamando? É também por isso que o Seu rugido vai instilar o medo nos corações de seus inimigos? Como está escrito em Amós 3, 8: "Ruge o leão, quem não temerá? Fala o Senhor Deus, quem não profetizará?" Depois, há também Provérbios 19,12: "A ira do rei é como o rugido do leão; mas como o orvalho sobre a relva, o seu favor." Finalmente, Jesus é mencionado como o "leão de Judá", no quinto capítulo do livro do Apocalipse. Ele é triunfante e vitorioso sobre todo o mal. Nele podemos colocar nossa confiança. Ele é o nosso protetor, redentor e salvador. Ele sabe o número de cabelos em cada uma de nossas cabeças e se preocupa com cada detalhe de nossas vidas.

Quando você enfrentar perseguição, tempestades ou lutas temíveis, invoque o "leão de Judá" para defendê-lo e protegê-lo. Ele é fiel e não permitirá que nada que você não possa suportar lhe aconteça. Quando somos fracos, Ele é forte. Assim, Ele revela Seu poder e Sua glória por meio de nós durante esses tempos difíceis.

ELE É O LEÃO
DA TRIBO DE JUDÁ

1. "POIS EU SEREI COMO LEOA PARA ISRAEL, FILHOTE DE LEÃO PARA JUDÁ: ATACO E ESCAPO, CARREGO E NÃO HÁ QUEM POSSA LIVRAR." (OS 5, 14)
2. "'NÃO ME DEIXAREI LEVAR PELO CALOR DE MINHA IRA. NÃO, NÃO DESTRUIREI EFRAIM! EU SOU DEUS, NÃO UM SER HUMANO, SOU O SANTO NO MEIO DE TI, NÃO VENHO COM TERROR! ELES HÃO DE VIR EM BUSCA DO SENHOR. O SENHOR HÁ DE RUGIR COMO LEÃO E, QUANDO ELE RUGIR, SEUS FILHOS ACUDIRÃO LÁ DO OCIDENTE, DO EGITO VIRÃO VOANDO COMO PÁSSAROS, COMO POMBOS, DA REGIÃO DA ASSÍRIA. ENTÃO, EU OS FAREI MORAR EM SUAS PRÓPRIAS CASAS' – ORÁCULO DO SENHOR!" (OS 11, 9-11)
3. "VOU ATACÁ-LOS COMO URSA DE QUEM ROUBARAM OS FILHOTES, VOU RASGAR A CAIXA QUE LHES GUARDA O CORAÇÃO, NO MESMO LUGAR HEI DE DEVORÁ-LOS COMO UM LEÃO." (OS 13, 8)
4. "QUANDO COMEÇARAM A HABITAR ALI, NÃO VENERAVAM O SENHOR. E O SENHOR MANDOU CONTRA ELES LEÕES, CAUSANDO MORTES NO MEIO DELES." (2RS 17, 25)

10 PALAVRAS

PARA SENTIR A SEGURANÇA DO LEÃO

1. APOCALIPSE 10, 3 E GRITOU COM VOZ FORTE, COMO UM **LEÃO** QUE RUGE. QUANDO GRITOU, OS SETE TROVÕES FIZERAM OUVIR SUAS VOZES.

2. ISAÍAS 31, 4 POIS ASSIM DISSE-ME O SENHOR: "QUANDO O LEÃO, ADULTO OU NOVO, JÁ **RUGIU** PARA ATACAR A PRESA, SE UMA TURMA DE PASTORES APRONTA CONTRA ELE UMA GRITARIA, ELE NÃO SE APAVORA COM OS GRITOS NEM DÁ ATENÇÃO À BARULHEIRA DOS PASTORES. ASSIM TAMBÉM DESCERÁ O SENHOR DOS EXÉRCITOS PARA GUERREAR NA MONTANHA DE SIÃO, COMBATER NA SUA COLINA."

3. ISAÍAS 66, 2 TUDO O QUE AÍ ESTÁ, MINHAS **MÃOS** É QUE FIZERAM; TUDO O QUE EXISTE É MEU – ORÁCULO DO SENHOR. AQUELES POR QUEM EU OLHO SÃO: O POBRE, O DE ESPÍRITO ABATIDO, O QUE TREME DIANTE DE MINHA PALAVRA.

4. ISAÍAS 66, 5 OUVI A PALAVRA DO SENHOR, VÓS QUE **TREMEIS** DIANTE DE SUA PALAVRA: ALGUNS IRMÃOS QUE VOS ODEIAM E QUE, POR CAUSA DO MEU NOME, VOS DISCRIMINAM, DIZEM: "QUE O SENHOR MOSTRE, ENTÃO, A SUA GLÓRIA, PARA VERMOS A ALEGRIA QUE SERÁ VOSSA!" ELES É QUE FICARÃO DECEPCIONADOS.

5. EZEQUIEL 26,16 TODOS OS PRÍNCIPES DO MAR DESCERÃO DE SEUS TRONOS, TIRARÃO OS MANTOS, DEPORÃO AS VESTES BORDADAS. REVESTIDOS DE TERROR E ASSENTADOS POR TERRA, TREMERÃO DE SUSTO A TODO INSTANTE, **CONSTERNADOS** POR TUA CAUSA.

6. OSÉIAS 3,5 DEPOIS OS FILHOS DE ISRAEL HÃO DE VOLTAR, VÃO PROCURAR O SENHOR, SEU DEUS, E DAVI, SEU REI. SEU CORAÇÃO VAI **PALPITAR** PELO SENHOR E POR SEUS BENEFÍCIOS PELO RESTO DOS DIAS.

7. OSÉIAS 6,1 "VINDE, VOLTEMOS PARA O SENHOR! FOI ELE QUE NOS FERIU, ELE MESMO VAI CURAR; ELE NOS **MACHUCOU**, ELE VAI LIMPAR NOSSAS FERIDAS".

8. JOEL 4,16 O SENHOR VAI RUGIR DE SIÃO, DE JERUSALÉM FARÁ OUVIR O SEU **BRADO**. CÉUS E TERRA VÃO TREMER. MAS O SENHOR VAI SER UM ESCONDERIJO PARA O SEU POVO, É ABRIGO PARA A GENTE DE ISRAEL.

9. AMOS 1,2 ELE DISSE: 'O SENHOR RUGE EM SIÃO, DE JERUSALÉM FAZ SAIR O SEU **GRITO**! CHORAM AS PASTAGENS DOS PASTORES, SECA ATÉ O PICO DO CARMELO'.

10. AMÓS 3, 4 RUGE O LEÃO NA FLORESTA, SEM TER UMA **PRESA** PARA ATACAR? GRITA O FILHOTE DE LEÃO LÁ NA TOCA SEM TER O QUE PEGAR?

ORE...
O SALMO 61

2 OUVE, Ó DEUS, O MEU GRITO, FICA ATENTO À MINHA ORAÇÃO.
3 DOS CONFINS DA TERRA EU TE INVOCO, ENQUANTO MEU CORAÇÃO
DESFALECE.
4 PÕE-ME SOBRE UM ROCHEDO INACESSÍVEL, POIS TU ÉS PARA MIM
UM REFÚGIO, TORRE FIRME DIANTE DO ADVERSÁRIO.
5 VOU MORAR NA TUA TENDA PARA SEMPRE, À SOMBRA DE TUAS
ASAS ENCONTRAR ABRIGO!
6 SIM, Ó DEUS, ACEITASTE MEUS VOTOS, DESTE-ME A HERANÇA DOS
QUE TEMEM O TEU NOME.
7 ADICIONA DIAS A VIDA DO REI,
PODE ABRANGER OS ANOS DE MUITAS GERAÇÕES.
8 REINE PARA SEMPRE SOB O OLHAR DE DEUS; GRAÇA E FIDELIDADE
O CONSERVEM SEMPRE.

SUBINDO...

12

A VITÓRIA É NOSSA

7 RAZÕES
POR QUE DEUS TE QUER VITORIOSO

PORQUE ELE É UM PAI AMOROSO

NENHUM PAI AMOROSO QUER VER SEUS FILHOS PERDENDO.
DEUS NOS QUER GANHANDO.
2 CORÍNTIOS 2,14: "GRAÇAS SEJAM DADAS A DEUS QUE NOS FAZ SEMPRE TRIUNFAR EM CRISTO..."

PORQUE PAGOU UM ALTO PREÇO PARA TORNÁ-LO VITORIOSO

VOCÊ ESTARIA DISPOSTO A ENVIAR SEU FILHO OU FILHA PARA MORRER POR ALGUÉM QUE VOCÊ NÃO CONHECIA?
DEUS ENVIOU O SEU FILHO UNIGÊNITO, SABENDO QUE ELE TERIA DE MORRER POR NOSSOS PECADOS.
1 JOÃO 4,10: "NISTO CONSISTE O AMOR: NÃO FOMOS NÓS QUE AMAMOS A DEUS, MAS FOI ELE QUE NOS AMOU E ENVIOU O SEU FILHO COMO OFERENDA DE EXPIAÇÃO PELOS NOSSOS PECADOS."

PORQUE LHE DÁ VANTAGEM TÁTICA EM QUALQUER BATALHA

MESMO QUE VOCÊ NÃO SAIBA A MELHOR ESTRATÉGIA PARA EMPREGAR EM QUALQUER MOMENTO. DEUS SABE E FAZ.
SUA VANTAGEM TÁTICA É A SUA RELAÇÃO PESSOAL COM O ESPÍRITO SANTO E SUA DEPENDÊNCIA EM RELAÇÃO À PALAVRA DE DEUS.
HEBREUS 13, 6: "DE MODO QUE PODEMOS DIZER, COM SEGURANÇA: 'O SENHOR É MEU AUXÍLIO, JAMAIS TEMEREI; QUE PODERÁ FAZER-ME UM SER HUMANO?"

PORQUE LHE FORNECE UM LUGAR SEGURO

QUANDO VOCÊ ESTÁ NUM LUGAR SEGURO, O INIMIGO SABE ONDE VOCÊ ESTÁ, MAS NÃO PODE FAZER NADA, NÃO IMPORTA O QUANTO TENTE OU MESMO COMO ELE SE ENCONTRA. VOCÊ ESTÁ TOTALMENTE PROTEGIDO.
PROVÉRBIOS 18,10: "TORRE FORTIFICADA É O NOME DO SENHOR: A ELA ACORRE O JUSTO E FICA SEGURO."

PORQUE ELE QUER QUE VOCÊ GANHE AS BATALHAS

1 JOÃO 4, 4: "FILHINHOS, VÓS SOIS DE DEUS E VENCESTES AOS QUE SÃO DO ANTICRISTO. POIS EM VÓS ESTÁ QUEM É MAIOR DO QUE AQUELE QUE ESTÁ NO MUNDO."

NO LIVRO DO APOCALIPSE, O LIVRO QUE CONTA O FINAL DA HISTÓRIA AO APÓSTOLO JOÃO, FOI DADO O QUE EU CHAMO DE "INFORMAÇÃO PRIVILEGIADA" SOBRE O QUE ACONTECERIA.

APOCALIPSE 12, 11: "ELES VENCERAM O DRAGÃO PELO SANGUE DO CORDEIRO E PELA PALAVRA DO SEU PRÓPRIO TESTEMUNHO, POIS NÃO SE APEGARAM À VIDA: ATÉ DEIXARAM-SE MATAR."

PORQUE ELE LHE DÁ AUTORIDADE SOBRE TODO MAL

LUCAS 10, 19: "EU VOS DEI O PODER DE PISAR EM COBRAS E ESCORPIÕES, E SOBRE TODA A FORÇA DO INIMIGO. NADA VOS PODERÁ FAZER MAL."

A PALAVRA "PODER" NESSE VERSÍCULO É TRADUZIDA DA PALAVRA GREGA **EXOUSIA**, QUE SIGNIFICA "DELEGOU PODER" OU AINDA "DEU AUTORIDADE". A OUTRA TRADUÇÃO VEM DA PALAVRA GREGA **DINAMIS**, QUE TEM O SIGNIFICADO DE "HABILIDADE". ENTÃO, OBSERVE COM CUIDADO O QUE DEUS ESTÁ REALMENTE DIZENDO. A PALAVRA DIZ QUE VOCÊ TEM O PODER TOTAL (AUTORIDADE) SOBRE O INIMIGO. VOCÊ NÃO PERDERÁ. VOCÊ SEMPRE CONQUISTARÁ E TRIUNFARÁ EM TODAS AS COISAS.

PORQUE ELE QUER QUE VOCÊ SE LEMBRE DE QUE É UM VITORIOSO

O CHAMADO DE DEUS A ABRAÃO PODE SER O MODELO DE CHAMADO PARA NÓS.

ASSIM COMO DEUS PROMETEU ABENÇOAR ABRAÃO, ELE TAMBÉM NOS ABENÇOARÁ. PORQUE DEUS DESEJA ABENÇOAR SEU POVO. ENTÃO, QUE NÓS POSSAMOS NOS TORNAR UMA BÊNÇÃO PARA OUTROS.

2 CORÍNTIOS 9, 8: "DEUS É PODEROSO PARA VOS CUMULAR COM TODA SORTE DE GRAÇA, PARA QUE, EM TUDO, TENHAIS SEMPRE O NECESSÁRIO E AINDA TENHAIS DE SOBRA PARA EMPREGAR EM ALGUMA BOA OBRA."

VOCÊ É UM
VENCEDOR NO
JOGO DA VIDA.
DEUS ESTÁ
LHE DANDO A
VITÓRIA SOBRE A
SITUAÇÃO ATUAL.

“Graças sejam dadas
a Deus que nos dá
a vitória por Nosso
Senhor, Jesus Cristo.”
(1 Co 15, 57)
#A
VITÓRIA
ÉNOSSA

Mais do que qualquer outra coisa na vida, precisamos ser capazes de andar em vitória completa – em toda situação. A vitória total e completa foi comprada por nós no Calvário, quando Jesus tomou sobre si nossos pecados e fracassos. Não conseguimos nos libertar do pecado sozinhos – a nossa velha natureza pecaminosa tem de ser substituída pela natureza vitoriosa de Cristo. "Cristo no meio de vós, a esperança da glória!" *(Cl 1, 27)* Ele providenciou tanto por nós em Sua morte e ressurreição que realmente não temos desculpa para não viver todos os dias a vitória da glória de Deus.

O próprio Senhor removeu todos os obstáculos do nosso caminho; pois é Sua vontade que aprendamos a conhecer as bênçãos plenas fornecidas para nós por Ele. A única vitória verdadeira é dada por nosso Senhor Jesus Cristo. À medida que diariamente procuramos andar perto dele, aprendemos os segredos para manter Sua vitória fluindo em nosso coração.

Você não vai viver por mais tempo uma vida derrotada. Você pode ter problemas em casa, no trabalho, até consigo mesmo, mas, se tomar posse das promessas da Palavra de Deus para sua vida, viverá a vitória completa. Se nós realmente queremos essa vitória em todas as situações, então Deus vai mover o mundo para permitir que vençamos nossas batalhas. Nosso Senhor Jesus Cristo sempre nos faz triunfar! Não podemos culpar a Deus por nossas falhas, mas podemos agradecer a Ele por nossas falhas não serem o fim.

Deus sempre nos faz triunfar em Cristo. Se quisermos realizar qualquer coisa para o Reino de Deus, então é muito importante que saibamos como focar na vitória da Cruz. Para ser um vencedor, temos de superar as dificuldades. O apóstolo Paulo é um homem amado pelos cristãos em todo o mundo por causa dos escritos inspirados que ele deixou para o crescimento na graça da caminhada cristã. Poucas pessoas, no entanto, estão dispostas a viver a vida que ele viveu, ou seja, os julgamentos, as perseguições, as dificuldades, etc. (*cf.* 2 Co 11, 23-33). Parece que ele enfrentou todo tipo de oposição que alguém poderia enfrentar; e ainda assim aprendeu a viver na vitória de Cristo em qualquer estado que se encontrava. Paulo aprendeu como transformar cada situação em contentamento. "Não digo isso por estar passando necessidade. Pois aprendi a me bastar em qualquer situação. Sei viver na penúria e sei viver na abundância. Aprendi a viver em toda e qualquer situação: estando farto ou passando fome, tendo de sobra ou passando falta. Tudo posso naquele que me dá força." *(Fp 4, 11-13)*

Paulo está nos dizendo que também podemos fazer todas as coisas em Cristo que nos fortalece, que não há circunstância alguma na vida que pode nos privar da vitória de Cristo; a não ser, claro, se nós permitimos o contrário.

Em Romanos 8, Paulo revela que "a vitória é nossa" por meio de Jesus Cristo. Ele foi convencido que somos mais do que vencedores em todas as coisas, por Cristo, que nos amou e nos fez mais que vencedores. Esse é o tipo de vitória que Deus tem para aqueles que o amam e que acreditam nas promessas de sua Palavra. Com essa vitória em nosso coração, atingiremos as coisas para as quais Ele nos chamou, atingiremos lugares altos para o louvor, a honra e a glória ao seu nome. Amém.

AVANTE!

PROGREDINDO DIA APÓS DIA

DEUS MARCHA E COMBATE COM VOCÊ

OUVE, ISRAEL! HOJE IDES COMBATER CONTRA VOSSOS INIMIGOS! NÃO DESFALEÇA VOSSA CORAGEM! NÃO TENHAIS MEDO! NÃO DEBANDEIS ATERRORIZADOS DIANTE DELES. POIS É O SENHOR VOSSO DEUS QUE MARCHA CONVOSCO, PARA COMBATER EM VOSSO FAVOR CONTRA OS INIMIGOS, A FIM DE VOS SALVAR.

DEUTERONÔMIO 20, 3-4

DEUS LUTA POR VOCÊ

ELE DISSE: 'ESCUTAI-ME, GENTE DE JUDÁ E DE JERUSALÉM! FIRMAI--VOS NO SENHOR, VOSSO DEUS, E ASSIM VOS MANTEREIS FIRMES. FIRMAI-VOS NOS PROFETAS E TUDO SAIRÁ BEM PARA VÓS.'

2 CRÔNICAS 20, 15

DEUS O MANTÉM DE PÉ

UNS CONFIAM NOS CARROS, OUTROS NOS CAVALOS, MAS NOSSA FORÇA ESTÁ NO NOME DO SENHOR NOSSO DEUS.

SALMOS 20, 8

A VITÓRIA É DO SENHOR

TREINA-SE O CAVALO PARA O DIA DA BATALHA, MAS QUEM DÁ A VITÓRIA É O SENHOR.

PROVÉRBIOS 21,31

MARAVILHOSA É A VITÓRIA

ENTÃO MOISÉS E OS ISRAELITAS CANTARAM AO SENHOR ESTE CÂNTICO: 'CANTAREI AO SENHOR PORQUE ESTUPENDA FOI A VITÓRIA; CAVALO E CAVALEIRO ELE JOGOU NO MAR.

ÊXODO 15, 1

O PODER EXTRAORDINÁRIO VEM DE DEUS

ORA, TRAZEMOS ESSE TESOURO EM VASOS DE BARRO, PARA QUE TODOS RECONHEÇAM QUE ESTE PODER EXTRAORDINÁRIO VEM DE DEUS E NÃO DE NÓS.

SOMOS AFLIGIDOS DE TODOS OS LADOS, MAS NÃO VENCIDOS PELA ANGÚSTIA; POSTOS EM APUROS, MAS NÃO DESESPERANÇADOS; PERSEGUIDOS, MAS NÃO DESAMPARADOS; DERRUBADOS, MAS NÃO ANIQUILADOS; POR TODA A PARTE E SEMPRE LEVAMOS EM NOSSO CORPO O MORRER DE JESUS, PARA QUE TAMBÉM A VIDA DE JESUS SE MANIFESTE EM NOSSA EXISTÊNCIA MORTAL. COM EFEITO, NÓS QUE VIVEMOS SOMOS SEM CESSAR ENTREGUES À MORTE POR CAUSA DE JESUS, AFIM DE QUE A VIDA DE JESUS SE MANIFESTE EM NOSSA CARNE MORTAL. ASSIM, A MORTE ATUA EM NÓS, ENQUANTO A VIDA ATUA EM VÓS.
2 CORÍNTIOS 4, 7-12

TUDO CONTRIBUI PARA O BEM DOS QUE AMAM A DEUS

SABEMOS QUE TUDO CONTRIBUI PARA O BEM DAQUELES QUE AMAM A DEUS, DAQUELES QUE SÃO CHAMADOS SEGUNDO O SEU DESÍGNIO.
ROMANOS 8,28

DEUS CONVERTE O MAL EM BEM

VÓS PLANEJASTES FAZER O MAL CONTRA MIM. DEUS, PORÉM, CONVERTEU-O EM BEM: QUIS EXALTAR-ME PARA DAR VIDA A UM POVO NUMEROSO, COMO HOJE ESTAIS VENDO.
GÊNESIS 50,20

DEUS COLOCA TUDO EM NOSSA MÃO

O SENHOR DISSE ENTÃO A JOSUÉ: 'VÊ! EU ENTREGUEI JERICÓ ÀS TUAS MÃOS, COM SEU REI E TODOS OS VALENTES GUERREIROS. VÓS, AGORA, TODOS OS GUERREIROS, DAI A VOLTA AO REDOR DA CIDADE, UMA VEZ POR DIA. ASSIM FAREIS DURANTE SEIS DIAS. SETE SACERDOTES LEVARÃO SETE TROMBETAS DE CHIFRE DE CARNEIRO DIANTE DA ARCA. NO SÉTIMO DIA DAREIS SETE VOLTAS À CIDADE, ENQUANTO OS SACERDOTES TOCARÃO AS TROMBETAS. E QUANDO O SOM DAS TROMBETAS SE FIZER MAIS DEMORADO E PENETRANTE A PONTO DE VOS FERIR OS OUVIDOS, TODO O POVO, NUMA SÓ VOZ, LEVANTARÁ UM GRANDE CLAMOR. ENTÃO CAIRÃO OS MUROS DA CIDADE, ATÉ OS FUNDAMENTOS, E CADA UM ENTRARÁ PELO LUGAR QUE ESTIVER À SUA FRENTE.'
JOSUÉ 6, 2-5

COM DEUS VOCÊ TERÁ ÊXITO, CONQUISTA, SUCESSO, TRIUNFO, VITÓRIA, FEITO, GLÓRIA...

SE CUMPRIRES OS MANDAMENTOS E OS PRECEITOS QUE O SENHOR PRESCREVEU A ISRAEL POR MEIO DE MOISÉS, TERÁS ÊXITO. SÊ CORAJOSO E FIRME! NÃO TEMAS, NÃO TE ACOVARDES!
1 CRÔNICAS 22,13

Creia, não é hora pra parar e desistir.
O que Deus prometeu, Ele é fiel e vai cumprir!
Ele não está demorando: está caprichando!
Uma bênção que nós não podemos nem imaginar!

Clame, não reclame, dê um brado de vitória!
Nossa confiança nos levanta nesta hora.
O Senhor já liberou e o milagre já chegou.
A Sua bênção nos alcança, tome posse agora!

Vamos levantar as mãos pra confirmar a glória.
O Soberano Deus renova nossa história.
Vamos soltar a voz, pra anunciar que o céu
faz festa pra comemorar nossa vitória!

A vitória é nossa! A vitória é nossa! A vitória é nossa!
Ao lado do Senhor, vivendo em seu amor, não há derrota, irmão!
A vitória é nossa! A vitória é nossa! A vitória é nossa!
O Mal está vencido, já está caído e vai ficar no chão!

Pois quem está em Deus, jamais perecerá!
A fé que vence o mundo é nossa arma pra lutar!
Em todas as batalhas, somos mais que vencedores!
E nós cantamos forte: Deus já venceu a morte e a vitória já chegou!

#A VITÓRIA É NOSSA

Música - Joe Alvarenga / Isaac Praça

COM JESUS, NOSSA VIDA
NÃO PARA DE SUBIR...
SUBIR...
SUBIR...
SUBIR...

CONTINUE
SUBINDO...

A PARTIR DAQUI VOCÊ ESCREVE AS VITÓRIAS

DE DEUS EM SUA VIDA E FAMÍLIA...

PUBLISHER
KAÍKE NANNE

EDITORA EXECUTIVA
CAROLINA CHAGAS

COORDENADORA GERAL
MARISTELA CIARROCCHI

COORDENADORA DE PRODUÇÃO
THALITA ARAGÃO RAMALHO

REVISÃO
THAÍS NACIF

PROJETO GRÁFICO
STUDIO DELREY

CAPA
MAQUINARIA STUDIO

FOTOS
ISTOCK BY GETTY IMAGES

CRÉDITOS DAS IMAGENS:
PG. 1, 2/3: © BLUEENAYIM
PG. 4/5: © MARIADUBOVA
PG. 6/7: © GREGEPPERSON
PG. 8: © RICKSAUSE
PG. 9: © GLOCK
PG. 11: © CHRISTIANLEYTON
PG. 12/13: © XIXINXING
PG. 21: © BALAZS KOVACS
PG. 23, 49, 59, 71: © LZF
PG. 24/25: © ROSSELLAAPOSTOLI
PG. 26: © OSTILL
PG. 27, 188/189: © СЕРГЕЙ ХАКИМУЛЛИН
PG. 28: © SUNDRAWALEX
PG. 30/31: © OCUSFOCUS
PG. 32: © AARONAMAT
PG. 35: © IVANSMUK
PG. 36/37: © KEVRON2001
PG. 38-41: © NADEZHDA1906
PG. 44: © CHRISTINLOLA
PG. 46/47: © LOLOSTOCK
PG. 50-53: © PESHKOVA
PG. 54,192: © RATTHAM
PG. 57: © FOTOMAXIMUM
PG. 58/59: © BACKYARDPRODUCTION
PG. 63,65: © OG-VISION
PG. 66: © GROMOVATAYA
PG. 67: © SPACEDRONE808
PG. 68/69: © MILOSLUZ
PG. 72/73: © AGSANDREW
PG. 74/75: © ARTPHOTOCLUB
PG. 77: © KATARZYNABIALASIEWICZ
PG. 78-79: © PHOTO-PLATON
PG. 80: © FEEDOUGH
PG. 81: © MM88
PG. 82/83: © MARCOS RIBEIRO DE CASTRO
PG. 85: © MVCSTOCK
PG. 86/87: © KARLOWAC
PG. 88: © WALKWITHME
PG. 90/91: © 7000
PG. 93: © M-IMAGEPHOTOGRAPHY
PG. 95: © JEANCLICLAC
PG. 96/97: © C-FOTO
PG. 98/99: © ALONO
PG. 100/101: © MANGOSTOCK
PG. 102: © NICOLA FERRARI
PG. 103: © STEVANOVICIGOR
PG. 104/105: © BERK085
PG. 106/107: © AROSOFT
PG. 108/109: © EACHAT
PG. 110: © JUNAK
PG. 112: © NENEOS
PG. 118: © ROMOLOTAVANI
PG. 121: © WEB_HORIZON
PG. 122/123: © TETYANA RUSANOVA
PG. 124/125: © HABMAN_18
PG. 127: © TERRY J ALCORN
PG. 128/129: © FOTOFRANKYAT
PG. 130/131: © ANDREI_MD
PG. 132: © IBRAKOVIC
PG. 134/135: © SIPHOTOGRAPHY
PG. 140/141: © ROBCOCQUYT
PG. 142/143: © LECHATNOIR
PG. 144/145: © WARRENGOLDSWAIN
PG. 146: © LUKA LAJST
PG. 147: © STEFANOLUNARDI
PG. 148: © ALTANAKA
PG. 150/151: © UMDASH9
PG. 152: © STILLFX
PG. 154/155: © PICTUREOFTHEDAY
PG. 158/159: © RUIVALESOUSA
PG. 161: © PETESHERRARD
PG. 162/163: © MAGGYMEYER
PG. 164/165: © IMAGE2ROMAN
PG. 169/169: © PETERVANDAM
PG. 170: © ZE14361
PG. 172: © ALAMARPHOTOGRAPHY
PG. 175: © NASTCO
PG. 176/177: © BILETSKIY_EVGENIY
PG. 180/181: © FURTAEV
PG. 182/183: © ANCIKA
PG. 186: © ANYABERKUT
PG. 187: © SAULETAS
PG. 190/191: © AOPSAN

CIP-BRASIL. CATALOGAÇÃO NA FONTE
SINDICATO NACIONAL DOS EDITORES DE LIVROS, RJ

N63a
Natal, Rodrigo
A vitória é nossa / Rodrigo Natal. - 1. ed. - Rio de Janeiro : Petra, 2015.
196 p.

ISBN: 978-85-220-3113-9

1. Vida cristã. 2. Deus. 3. Fé. 4. Catolicismo. I. Título.

CDD: 248.4
CDU: 248.4

ESTE LIVRO FOI COMPOSTO EM BEBAS NEUE E BLOGGER SANS E IMPRESSO PELA ASSAHI GRÁFICA EM SÃO BERNARDO DO CAMPO PARA A EDITORA PETRA EM 2015.